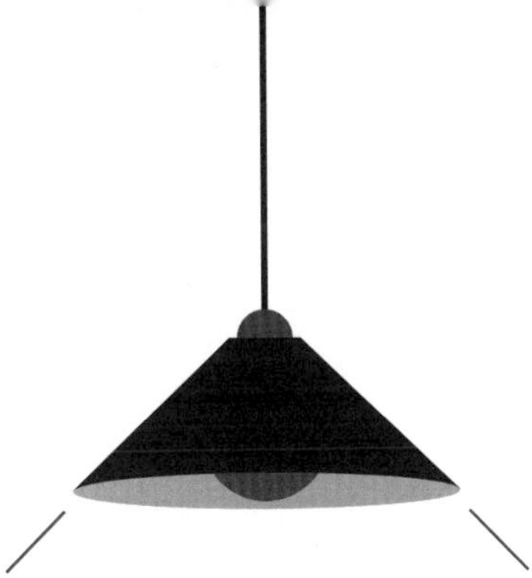

LIFE IS
WHAT YOU MAKE IT

巴菲特家族的人生智慧

父親巴菲特給我的12塊金磚

Peter Buffett
彼得・巴菲特——著

龐元媛——譯

目次

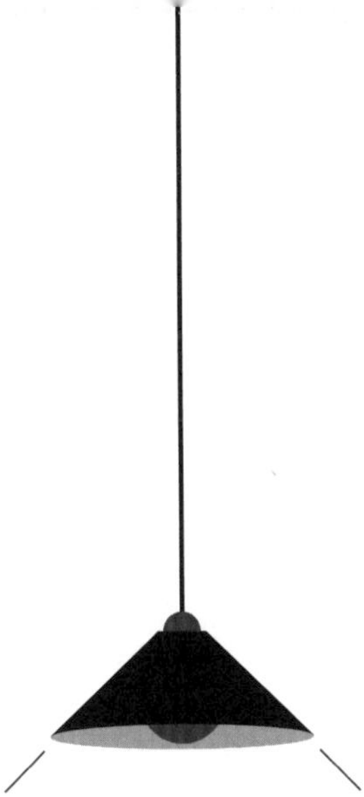

作者序
人生這條路的風景，由你決定

這本書要談的，是我們得到，以及回饋給世界的恩賜。是期望與義務，是家庭與社會，以及這兩者對我們的影響。是生活在給予我們前所未有的舒適環境，卻也讓我們焦慮苦惱的社會。焦慮有經濟因素，也有非經濟因素。這本書還要談談，在我們尋找目標的過程中，社會經常讓我們感到空虛、不解。

簡言之，這本書要談的是價值觀，也就是我們依據哪些信念與直覺，判斷在這短暫的一生，有哪些事情是值得做的。也要談談一個人該有哪些態度、做哪些事，此生才不算虛度。物質的財富會來來去去，世情就是如此。但價值觀猶如穩固的貨幣，能換取最重要的報酬，也就是自尊與心靈的平靜。

這本書也要談認同，就是造就個人獨特之處的那些使命、才華、決策，以及怪癖。

價值觀與認同。在我看來，這兩者唯一正確的定義，就是一體的兩面。價值觀會引導決策，決策決定了我們的認同。**人生是我們創造出來的**。這個概念很簡單，但我們創造人生的過程，是既複雜又難懂。期望與外部的壓力，扭曲了我們最真實的自我。經濟的現實，偶然的機運，都會在這個過程中，扮演助力或阻力。

但人生終究是我們自己創造出來的。創造人生可以說是最大的責任，也是最大的機會，同時也是我在這本書所談的一切的最基本前提。

所以，我們會讓自己成為怎樣的人？我們每天要做的決策如此之多，是會選擇最好走的路，還是收穫可能最多的一條路？我們與他人打交道，是會畏畏縮縮，不願親近、坦誠與寬容，還是會敞開心胸，經營真誠且堅實的關係？我們在工作上，是只要能謀生便已滿足，還是應該把眼光放遠，以充實人生為目標？這年頭可沒有鐵飯碗了！我們該怎麼做，才不算辜負命運的恩賜？如何才能學會透過回饋提升自己？

我們只能向內心深處探索，才能解答這些問題。這本書的目的，只是提出這些問題，提供一個思考的框架，我希望也是一個討論的框架。

但我有什麼資格寫這樣一本書？坦白說，我是個**尋常人**。我不是受過專業訓練的哲學家、社會學家，也不想標榜自己是教導大家自立自強的勵志大師，那樣的大師已經夠多了。說實話，我唯一的資歷，是我自己的人生，是我的人生驅使著我花許多時間，認真思考這些事。

我抽到命運的好籤，也就是我父親說的「中了卵巢樂透」，得以生在充滿關愛的家庭。家庭給我的第一件，也是最重要的一件恩賜，是安全感。我們家得到命運賞賜的驚喜，久而久之也有了財富與名望。我的父親華倫·巴菲特憑藉自身努力、堅守道德，以及始終如一的智慧，如今已是全球最富有，也最受敬重的人。我身為人子，說這話時充滿自豪，但我也明白，這些是**他的**成就，不是我的。無論你的父母是誰，你的人生還是要靠自己打造。

此外，很多人都知道，父親對於繼承而來的財富很有意見。說穿了就是他認為，含在嘴裡的金湯匙，幾乎都會變成刺在背上的金匕首。他認為，留遺產給子孫是不智之舉，只會害得子孫毫無志氣，不願奮進，弄得他們年輕輕輕，就錯過了探索人生道路的精彩過程。父親發現自己的志業，憑藉自己的力量成功，覺得是人生一大樂事，又豈會剝奪子女經歷這種挑戰，享受這種樂趣的機會？所以他不會砸大錢成立信託基金，給巴菲特家族的子孫！我的哥哥姐姐，還有我自己，一年滿十九歲，家裡就給了一筆數目很小的錢。我們也明白，家裡不會再給更多。

顯然家裡不會留給我們豐厚的遺產。父親於二〇〇六年，將他大半的財富，三百七十億美元，捐給比爾及梅琳達蓋茲基金會（Bill and Melinda Gates Foundation）。這是史上最高額的慈善捐款之一。他同時也成立十億美元的慈善基金，由他的三位子女管理。

所以你看了可能覺得很諷刺。如今五十歲的我，掌管十億美元的善款，這是莫大的責任，也是莫大的機會。但我覺得我仍然做著普通工作，賺取微薄收入。我是作曲者，也是音樂人。一如所有的同行，我的價值就體現在最新作品，日後能有多大成就，就看我能在下一部作品展現多少實力。

但沒關係，我做的是我喜歡的事情，是我自己選的，我並不想走別的路。我想，我從父親身上遺傳的，不只是基因。他的人生觀，我似乎也照單全收。

別誤會，我很清楚，我出生在很優渥的環境。父親給我的經濟優勢也許不算多，但仍然比大多數人還多，而且我並未付出努力，完全是不勞而獲。我身為巴菲特家族的一員，擁有如此顯赫的姓氏，也是不必努力，就能享有種種無形的好處。我並沒有否定這些優勢，而是一生都在思索這些優勢的意義、影響與後果。為了推翻一句老話，我必須學會將優勢發揮到極致。

《路加福音》（*Book of Luke*）有句名言，我們家向來頗為重視：**因為多給誰，就向誰多取**。顯然最重要的恩賜，與金錢無關，而是父母的關愛，深厚的群體情誼，以及溫暖的友誼。也包括開導我們，為我們的成長感到欣慰的良師。另外還有才華、能力、同理心、勤奮這些神祕的恩賜。得到這些恩賜，應該要懂得珍惜，也要懂得回饋。

但該怎麼回饋？我們得到不期而至，可以說是偶然降臨的恩賜，該如何回饋？而且不只要回饋，該怎麼做才能**放大**這些恩賜，延伸到我們小小的生活範圍之外，進而改變世界？我們如何找到志向與奉獻，個人目標與集體利益之間的平衡？該如何避開那些將我們困在不想要的人生的種種壓力？該如何實現我們為自己定義的成功？這樣的成功是建立在價值觀與實質上，而不是純粹追求金錢以及他人的肯定。這樣的成功即使時勢變遷、經濟凋敝，也不會變質、消失。

我的直覺，還有長期觀察的心得都告訴我，很多很多人也在苦思這些問題。包括嚮往走自己的路，即使承受風險、有所犧牲、前景大不同於尋常道路，也要勇敢追夢，在所不惜的年輕人。苦思這些問題的還有父母，希望教導子女正確的價值觀，子女長大成人後，才能有感恩的心與進取精神，而不是自以為高人一等，而妄自尊大，消極怠惰。

這些人，以及包括老師、護理師、企業高層、藝術創作者在內的許多人，都知道我們現在的社會，是前所未有的富足，卻也不平等到令人震驚。他們是有良知的人，珍惜命運的恩賜，也想善用這些恩賜，不僅謀生，還要改變世界。想擁有屬於自己的真正人生，也想回饋社會的眾人，如果能從這本書得到些許啟發與慰藉，那我寫這本書的目的便已達成。

第1塊金磚：
善用人生的正常人

信任與教育的精神，是本書所有觀念的基礎，

也是支持巴菲特一家的核心價值觀。

你是華倫·巴菲特的兒子？怎麼會？你看起來很正常耶！

我這輩子活到現在，已經聽過這句話的多種版本。我向來把這話當成一種讚美，不是讚美我個人，而是讚美我全家。

為何這麼想？因為我們所謂的「正常」，其實說穿了就是：一個人能發揮作用，也能為其他人所接受。換句話說，所謂正常，就是握有最好的機會，能善加運用自己的人生。

而我們唯有接受那些連結眾人的社會價值與情緒價值，才能擁有善用人生的能力。而且這些價值是在家庭習得的，比較準確的說法應該是**吸收**。

這些核心價值，是我在這本書闡述的所有觀念的基礎。所以我們先仔細研究其中幾項，思考該如何流傳。

◆

我認為最重要的核心價值之一，是**信任**。最廣義的信任，是相信這個世界是美好的。誰都知道這個世界並不完美，但依舊美好，值得我們努力經營得更好。如果你想在世界上發揮作用，更想保持心情愉快，那就一定要相信世界很美好！

信任世界與信任他人是密不可分的。所謂信任他人，意思是相信人人儘管有種種缺陷，但人性本善。人人都想做該做、當做的事。人生路上當然充滿了陷阱與誘惑，誘使我們去做不該做的事。但做了不該做的事，其實是扭曲，是違反了真實的本性。我們真實的本性，是要做明理、善良的人。

當然，並不是人人都這麼想。有些人認為人性本惡，貪婪、好鬥、愛說謊騙人。坦白說，我很同情這樣想的人。這樣想的人，日子一定過得很痛苦。想維持坦誠的友誼，純粹做事而不去算計、猜疑，甚至去愛人，對他們來說都是千難萬難。

這種相信人性本善的信念，是我們能自在處世，所不可或缺的核心價值之一。信任既然至關重要，那又是從何而來？首先要有個有愛的家庭，再向外延伸，發展出充滿關愛，令人安心的社會。

我非常幸運，能在理想的家庭環境成長。在一個以變動聞名的社會，我的家庭可說是穩定得出奇。我成長過程中居住的屋子，是二十世紀初期興建的一大片住宅群之中，一間很普通的房屋，是我的父親在一九五八年，以三萬一千五百美元買的！與我母親兒時的家，相隔兩個街區。我的祖父母至今仍住在那裡。奧馬哈市（Omaha）圍繞在我們四周，這一帶是兼具都市與鄉村風格的奇異綜合體。我們住的那條街，是進出市區的交通大動脈，但我們家看起來卻很像穀倉，還有電影《陰宅》（*The Amityville Horror*）裡面那種淚珠形狀的閣樓窗戶。我們以前還會在小小的側院，種幾排玉米，純粹當作消遣。

我一學會過馬路之前先左右看看，家人就允許我自己走路去探望祖父母。從我家走到祖父母家的那段路，對我來說是一條充滿關愛的長廊，也像充滿關愛的泡泡。路程的兩端都有人擁抱我。我的祖母是一種現在可能越來越稀少的品種，也就是標準的家庭主婦。她對於這個身分頗感自豪。她一天到晚都在做菜、跑腿，不然就是打理家務。我每次出現，她都會做脆皮捲筒冰淇淋給我吃，每一球冰淇淋，都藏著帶來驚喜的糖果。祖父總是問我，那天在學校都學了些什麼。在回家的路上，鄰居都會揮揮手，按喇叭跟我打招呼。

是不是無憂無慮？當然是。我也很清楚，並不是每個孩子，都能擁有此等平靜無波，充滿關愛的成長環境。並未享有此等環境的孩子，還要走過漫長的學習之路，才能信任這個世界。

但我說這些，想強調的是：我小時候之所以能有安全感，能信任這個世界，與金錢或物質上的利益無關。

我們家房子有多大，並不重要，一家人有愛才重要。我們的社區是否富有，並不重要，重要的是鄰居互相關心，互相照應。我身在關愛中，養成信任他人，相信世界美好的價值觀。關愛的價值不是金錢能衡量的，而是體現在擁抱、一球球的冰淇淋，以及教我寫功課的舉動。

每一個做父母的，每一個鄰里，都該如此關愛孩子。

◆

如果說信任是能讓我們樂觀面對世界的核心價值，那**寬容**是一種同樣重要的特質，能讓我們適應現實世界的種種差異與衝突。坦白說，如果世人全都大同小異，種族、宗教、性取向、政治傾向全都一樣，那人生在某些方面來說，會比較輕鬆。但那樣的人生，該有多無趣啊！多樣性是生活的調劑。我們願意接受多樣性，人生才會更豐富。

反過來說，我們若是心懷偏見，暗自懷有成見，只會讓自己的人生更狹隘、更貧乏。你認為男女在職場不該是平等的？那你的世界就縮小了一半。你對同性戀者有意見？那你就失去結識世上一〇％人口的機會。你不喜歡黑人？不喜歡拉丁裔？你明白我的意思了。再不改掉缺乏寬容的毛病，你的世界總有一天就會只剩下你自己，還有少數幾個跟你很類似，想法也像你的人。簡直就像一間小小的，一堆勢利眼聚集，又無聊到不行的鄉間俱樂部！那樣的人生有什麼意思？

寬容是我從家庭吸收的最重要的價值觀之一。說起來，我覺得很自豪，我的父母積極參與一九五〇年代末、一九六〇年代初的民權運動。當時的我只是個孩子，年紀太小，不懂得那個年代的問題有多複雜，又蘊含著什麼樣的悲慘歷史。但我並不需要別人告訴我何謂種族歧視，何謂偏見。我只需要張開眼睛好好看著就行了。

我的母親從來不怯於表達她的立場。她的汽車保險桿貼紙印著各種膚色都有好人。有一天早上，我們發現有人把「各種膚色」劃掉，寫下「白人」。這種愚蠢又小心眼的破壞行為，也讓我上了一課。我還以為種族歧視離我很遠，只會發生在阿拉巴馬州塞爾瑪（Selma）之類的地方，我們只能在電視上看到。這裡可是奧馬哈，應該是平等、理智的堡壘，想不到竟然也會上演種族歧視。

此事雖然不堪，卻也讓我領悟一些道理。第一，千萬不能將寬容視為理所當然，而是要積極提倡寬容。第二，認為偏見是別人才有的缺點，例如我就以為只有愚昧無知的南方人才會有偏見，但這種想法不僅是一種自以為是的錯誤觀念，本身也是一種偏見。我們有不少中西部鄉親，也是心存偏見。

雖說種族歧視，是我的寬容精神在此生受到的最大考驗，但這絕對不是我唯一需要學習、需要領悟的領域。

我的母親也一心教導我們包容各種宗教信仰。我十幾歲時，母親帶我去不同的教會，讓我體驗不同的禮拜儀式。我們前往一家美南浸信會教會，牧師慷慨激昂的講道，將會眾的情緒帶往高潮。身穿白色制服的女性站在走道上，準備扶住亢奮昏厥的會眾。我們也去了一家猶太會堂，在陌生的語言、古老的儀式的催化之下，心頭泛起一種雖有不同，卻同樣深刻的敬畏。我們在家裡，也閱讀包括佛教、印度教在內的東方各大宗教的相關書籍。

我一次又一次發現，這些信仰體系，每一種都是誠心誠意與神交流的有效方法。沒有一種是「正確」的。也沒有一種是「錯誤」的。每一種都是凡人與神溝通的方式，既是凡人所為，難免會有粗略、不完整之處。每一種都應當尊重，而且宗教不僅不應分化世人，還應該鼓勵世人齊心合作，一同追求意義與超越。

母親始終堅持提倡寬容的精神，所以我稱呼她達賴媽媽。她要是去中東地區宣講（也有人肯聽的話），這世界可就比現在平靜多啦！

我們家對於宗教以及種族的態度，其實是反映出我們重視開明胸懷的心理。**永遠**

都要尊重他人，尊重不同意見。**永遠**都要了解論點的正反兩面。這不僅在道德上是應有的作為，也對智識成長有益。畢竟理解一種觀點的正反兩面，也能磨礪智慧。

我的母親在高中時期是辯論隊成員。她最喜歡熱烈而不失禮的討論。我們巴菲特家的廚房，就是個高談闊論的熱鬧地方。

我的哥哥豪威也喜歡辯論。小時候的我為此頭痛得很。一家人聚在一起說話，他總是顯得比較機智，比較有說服力。他認識的單字比較多！「儘管如此」、「反過來說」這些詞彙他都認識。雖然我跟家人辯論，常覺得鬥智鬥不過，說理也說不過，但我也學到有用的道理，往後與人討論（甚至是爭論！）也就更有自信，更應付自如。這個道理就是：在一場對話中，沒人是**贏家**，也沒人是輸家。

你可以贏下一場網球賽，也可以輸掉一場棒球賽。討論則是不同，討論的目的是思想交流，是評判不同觀點的長處。甚至可以說「輸掉」言詞交鋒的人，其實是「贏了」，因為從交流中學到更多。

◆

這就說到我們家的另一個核心價值：堅信教育的重要。

首先要區分清楚。現在所謂的「教育」，甚至是大學教育，其實比較類似職業訓練。某個主修就是某個學位的門票，而某個學位則是進入某種職業的門票。我是個務實的人，所以並不反對這一點。如果你的志願是成為投資銀行家，或是管理顧問，那擁有企業管理碩士學位（MBA），當然最有可能實現目標。日後若是想就讀法學院，主修政治學就是個合理的選擇。

但我要表達的重點是，如此狹隘、目標導向的學習，只是真正的教育的一個層面而已，而且還不是最重要的層面。人生是我們創造出來的，我們若是希望人生能盡量豐富、完整、可喜，就應該廣為學習**各種學問**，不是只學謀生所需的知識，也要涉獵我們專精領域之外的無數學問。

要廣為學習各種學問，看書當然是途徑之一，而且還是很理想的途徑。這是我參考祖父的經驗，所歸納出的心得。我從祖父身上看見，靜靜坐著看書，是何等平靜，何等愉悅的享受。我還記得他悠哉悠哉窩在La-Z-Boy沙發上，穿著長褲的腿都快碰到下巴了，假牙竟然放在身旁的玻璃杯裡！祖父是家族中學問最好的人，他的身教給了我不少啟發，比方說我在國中時期學拉丁文，就是受到他的影響。

學拉丁文有任何**用處**嗎？不見得有。但懂得拉丁文也不錯，就像開啟了一扇通往歷史以及我們的文化傳統的窗戶。換句話說，學拉丁文是為教育而教育。我以前在祖父身旁做拉丁文作業。祖孫兩人翻開書的後頁，查閱不認識的單字，是凝聚親情的美好時光。

我認為教育說到底，就是滿足好奇心。所以作父母的能為子女做的最好的事，就是時時點燃子女的好奇心。我們家採用的方式，是天南地北無所不聊，也時常勸告子女**去查資料**。我有問題需要解答，或是與人討論、做學校作業時需要詳細資訊，家人就會叫我查閱家中的《世界百科全書》（*World Book Encyclopedia*），或是參考家中收藏的大批《國家地理雜誌》（*National Geographic*）過期雜誌。

我還是要強調，在Google問世之前，搜尋資料可真是耗時費力啊！小時候的我常常趴在地上，尋找收錄「非洲東部的鳥類」、「亞馬遜諸民族」文章的雜誌。做研究就像尋寶。尋寶就像追尋任何東西，過程當中有懸念，也很刺激。好不容易找到寶藏，也會心懷感恩，覺得滿足。在搜尋引擎輸入資料，再點點滑鼠，速度是比較快，但感覺就是沒那麼過癮！我臨睡前，常常拿著幾本《世界百科全書》上床，純粹讀著當作消遣。那些介紹人、地、事物的短篇文字，我看得是津津有味、欲罷不能。

我的家人重視教育的另一個例子，是非常關注我所就讀的學校。我覺得在很多父母的眼中，子女的學校就是神祕的磚屋，子女每天早上八點進去，下午三點出來，父母也不知道磚屋裡面的事，反正跟**父母**無甚關連。這種父母只要子女的成績單過得去，校方沒有通知行為不檢，就多半不在意子女在學校的情況。喔，對，做父母的偶爾會參訪學校，也會參加家長座談會，但這些往往只是表面功夫，甚至對於參與的各方來說，都是徹頭徹尾的折磨！

我的母親不這麼想。她有時會前來我就讀的小學，甚至是高中（她知道路，因為這兩間也是她的母校！）她默默坐在教室後方，看著我們上課，也看看老師教了些什麼，又是怎麼教。母親如此關心我的學校教育，我不僅自豪，也明白學校教育是很重要的。真正重要的，並不是我一年帶回家幾次的成績單，而是我日復一日學到了什麼。我覺得，若有更多父母也能如此關心子女的教育，做子女的在學校，對於學問會更有興趣，也會更樂於學習。

學校教育與看書，當然都是重要的教育方式，但我認為這兩者並不是最重要的教育方式。如果要學的是物理學、統計學之類的科學，那正規研究當然是無可取代的環節。但若從更寬廣的角度看，若要讓我們的人生盡量充實，有所收穫，那書本與學校只能說是教育的工具，並非教育的精髓。

教育的精髓，與理解人性有關，既要理解我們的內心深處，也要理解與我們完全不同的人的動機與慾望。

這種教育是百科全書、滿是灰塵的舊雜誌，甚至Google也無法提供的。而是來自與形形色色的人得體的交流，也來自用心傾聽。

母親以種種方式，讓我明白教育的價值，也許最深刻的方式是：她讓我明白，每個人都有值得我們仔細傾聽的故事。換句話說，每個人都有值得我們學習的地方。

在我小時候，母親刻意安排我盡量多認識人，多聽故事。我還是個小孩子的時候，家裡接待過非洲各國的交換學生。還有一位捷克學生，也在我家住過一陣子。家裡常有鎮上，以及來自世界各地的客人來訪。我念小學的時候，有時回家吃午餐，就看見母親與來自非洲，或是歐洲的客人聊得正起勁。母親通常會以親切的態度，提出犀利的問題。他們的國家的人民，過著怎樣的生活？遇到哪些難關？他們的志向是什麼，有哪些夢想？信仰是什麼？

我當時的心智，還沒成熟到能懂得那些答案，但我已經知道，這些問題都很重要。

◆

關於我們家灌輸給我的核心價值，我的介紹很簡短，想必也有缺漏之處。但在結束前，我想多談一個核心價值。若想擁有自尊，這也許是最不可或缺的核心價值。我也要特別感謝父親，是他讓我明白，這項核心價值有多重要。

這項核心價值，就是養成個人的職業道德。

但我們先看看巴菲特家族的職業道德是什麼，而且同樣重要的是，**不是**什麼。有些人所謂的職業道德，就是願意每週賣命工作六十或八十小時，做一份自己並不熱中，甚至痛恨的工作。這種想法是把辛勞、克己，以及付出的光陰當作美德。

但我要說，拜託，這不叫美德，這叫受虐狂！但矛盾的是，在某些情況，這種心態也代表懶惰，缺乏想像力。既然你工作這麼認真，為何不挪出一些時間與精神，找出你真正**喜歡**做的事情？

我的父親，還有現在的我都認為，真正的職業道德始於克服自我發現的難關。只要找到自己喜歡做的工作，即使極為艱辛，或者應該說尤其是極為艱辛的時候，工作也會是一種享受，甚至感覺很神聖。

在我年紀很小的時候，父親多半在家中工作。他常常待在書房裡，那是位在父母親的臥室旁，一間安靜的小房間。他在那裡鑽研一些神祕的厚書。我後來才知道，那些書是Value Line、穆迪（Moody's）之類的機構所發表的詳細統計分析報告，裡面有成千上萬家企業，以及這些企業的股票的資料。父親研究的主題很務實，但他專注的程度卻幾近宗教狂熱。他的「聖經」探討的是本益比、管理績效來源之類的東西，但他簡直像個研究《卡巴拉》的猶太教拉比，也像鑽研禪宗公案的佛教僧侶。他的專注程度就是如此強烈，如此純粹。這樣說可能有點誇張，但他工作的時候，整個人進入一種不同的狀態，入迷了。他走出書房，身穿他平常穿的卡其色長褲與破舊毛衣，整個人散發著一種幾近神聖的鎮靜。那是自我與眼前的工作完全合而為一，才會有的冷靜。

很多人都知道，身體劇烈運動，會促進腦內啡（endorphin）分泌。腦內啡是能振奮心情的天然良藥，能隔絕疼痛，還能讓人感覺時間彷彿變慢，置身在樂而忘憂的幸福狀態。父親專注工作時的情感表現，證明了**大腦**劇烈運動，也能促進腦內啡分泌。

我看著全神貫注在工作上的父親，也領悟了一個簡單卻也深奧的道理。我發現，工作應該是費時費力的、聚精會神的，**而且也應該帶給我們快樂**。

父親的工作究竟有何特別之處，能讓他即使一再耗費心神做決策，工作時間又漫長，卻總是樂此不疲？首先，他工作真的不是為了錢。他終究賺到了錢，足以證明他的工作方式正確，也確實頗有成就感。但金錢其實是隨附的成果。重點在於工作的**精髓**，也就是發揮他無窮無盡的好奇心，驗證他的分析是否符合實際績效，體會到發現價值與新的機會的那種刺激。

父親工作若是泰半為了錢，那工作很快就會淪為乏味的例行公事，就是一份差事罷了。那麼多年來，他之所以始終投入、始終敏銳，是因為這份工作帶給他一種智力的挑戰，是至關重要的賽局。就這方面來說，他的工作天天不一樣。

我也從中發現，有些人對於職業道德的一些錯誤觀念。

有些人**以為**的職業道德，其實是**財富**道德。這些人嘴上說尊崇勤勞、紀律、堅持，但內心真正尊崇的，其實是藉由這些特質，可能可以賺到的財富。他們尊崇的是結果，而非過程。

從道德與哲學的角度，可以說出許多理由，反駁這種顛倒的價值觀。但我想從純粹務實的角度，說出反對的理由：重視工作報酬更甚於工作的問題，在於報酬是有可能被奪走的。

走過經濟動盪時期的人，都非常清楚這個道理。一個人今天成功，明天垮台，豈有可能是他毫無過錯，他的公司卻突然一敗塗地？傑出的企業家難道會僅僅因為全球市場變遷，就突然敗落？

為何有人將自己的自尊，賭在自己無力控制的因素上？

明智又能持久的職業道德，重視的不是變幻莫測的報酬，而是工作本身，是工作過程中所展現的熱情、專注，以及工作的重大意義。

誰也無法奪走這些。

第2塊金磚：應得與值得

人生有兩種際遇：你認為應得的，以及你努力贏得的。

前者帶來藉口，後者則給你自尊。

沒人要求父母把自己生出來。

沒人能選擇自己的父母，或是挑選自己出生在哪種環境。

新生命的誕生地，也許是美國郊區舒適的臥室，或是西非一處泥屋的草席上。父母也許住在公園大道（Park Avenue）頂層公寓，或是在公園流浪，無家可歸又無以為繼。父母也許身體健康，也許感染愛滋病毒。也許是運動員、學者，也許是毒蟲、罪犯。也許是鶼鰈情深的夫妻，為人父母對他們而言，將是人生一大樂事。也許是兩個陌生人相約，毫不在意自己行為的後果。

各種可能性多到數不清。一個人碰巧出生在怎樣的環境，對於往後的人生，當然會有深遠又複雜的影響。但請容我說一個雖說人盡皆知，但很少人願意面對的事實。

一出生就擁有好父母，享受優渥環境，並不是自己的功勞。正如出生在貧困的環境，父母也不稱職，也並非自己的罪過。怎麼會是我們自己的對錯呢？我們的出生彩券開獎的時候，我們自己連無辜的旁觀者都稱不上，更不可能主動與他人串謀。我們根本還不存在！

顯然我們剛出生的時候，沒有所謂「應得」的東西。沒有人**天生應該**富有或貧窮、幸運或困苦、健康或殘缺。沒有人天生就**該有**好或不好的父母。這些都是我們在人生一開始，就偶然得到的東西。沒有什麼公平不公平可言，純粹就是**如此**。

我們很難接受這種偶然。在運氣的一端，那些在人生一開頭，就遭受嚴重打擊的人，往往會忿忿不平，認為宇宙與自己作對。這種心態情有可原，卻毫無益處。而在運氣的另一端，也就是運氣好的時候，經常會發生更離奇的現象。很多人認為自己一出生就擁有的財富、美貌，全是自己**應得**的。這種想法毫無理性可言，不符合最基本的邏輯。這種想法當然沒道理，但很多人偏就這麼想。畢竟這麼想就會很得意。

我們在後面會探討有些人這樣想的原因，以及這樣想的後果。現在先來看看這種沒有邏輯的想法。

事實是，偶然性主宰了每個人人生的開頭。我覺得接受這個事實，就是謙卑的開始，從此就能以務實的態度，將我們所得到的生命發揮到極致。

我先前提過，在我小時候，父母常鼓勵我「去找資料」。我從小到大，都保持找資料的習慣。我有時還會查詢常見的字詞，就為了看看能不能發掘新的定義，看看我們習以為常的概念，還具有那些更深層的意義。

我發現，「應得」的英文字deserve源自古法文，從十三世紀開始在英文沿用至今。deserve在英文字典的定義是：「因為自身行為或特質，而應該、有資格，或是有權得到……」。

啊哈！原來如此！**因為自身行為或特質**。

換句話說，要先有作為才有應得。應不應得，與出生環境無關，是與我們如何運用出生環境有關。

我年幼的時候，有時會注意到母親聽見別人說到**應得**二字，會有點生氣。我始終不明白，這兩個字為何會令她不悅。我覺得我現在明白了。「應得」一詞不僅被錯用，還不經意流露出一種偏見。彷彿某些人天生就應該得到成功、快樂、肯定，其他人天生就不該有這些。我的母親無法接受這種觀念，我也無法接受。

以我母親的心胸，她認為倘若**有人**天生就應該得到好運，那**人人**皆是如此。問題是在真實的人生，顯然並不是人人皆好運，因此整個「應得」的概念，也許根本是錯誤的。

所以我想提出一個至少在我看來，是很重要的區別：認為自己**天生應得**好運，與憑藉實際作為，讓自己**值得**好運，有著巨大的差異。所謂應得，是發生在我們身上的事情，也許只是我們想像出來的。而所謂值得，則是自己的**行為**所造就的結果。

換句話說，我們可以在好運降臨**之後**，再努力讓自己值得好運。該怎麼做？不要將好運視為理所當然、本該擁有，而是要當作與更多人分享好運的契機。不要認為自己有了優勢，就不必認真工作，不必克服難關。應該要把好運，當成驅使自己更上層樓的動力。

且讓我打個比方。這個比方就像所有的比方，並不完美，但我希望大家看了這個比方，能明白我想表達的重點。

還記得喀爾文主義（Calvinist）的「恩典顯明」論？這個概念的意思，其實就是上帝會將特殊的恩典，賜予某些人。但我們無法參透上帝的旨意，所以無法**直接**判斷，誰擁有上帝賜予的特殊恩典，誰又沒有。因此只能從一個人在世上的成就，推斷上帝賜予他哪些恩典。一個人成功，對世界有所貢獻，就證明了他顯然一直擁有上帝賜予的特殊恩典。其中的道理可能有些迂迴，沒那麼直接，但從道德角度看，結果都是有益。一個人表現得得體而大器，就證明自己配得上上帝賜予的恩典。

我們若是將「上帝」，替換成基督教各教派皆通用的「世界」概念，撇開任何一個宗教的教條不談，就更能理解我想表達的意思。世俗的優勢，例如擁有懂得用心養育我們的慈愛父母，以及經濟上的穩定，就是一種恩典，一種我們並未付出，就得到的恩典。但我們唯有善用恩典、回饋世界，恩典才有意義，也才真正為我們所有。

我們該如何發揮上天賜予的領先優勢？該如何把握、善用上天賜予的恩典，有朝一日才能回饋，而不是虛擲這份恩典？我們該如何表達感恩？

◆

雖然事實擺在眼前，我們在人生開端掌握的優勢，全都不是應得的，但總會有一些自鳴得意的人，以為好運全是自己應得的。這種人有時候還拿神明當藉口，為自己的優渥的生活找理由，彷彿上帝除了偏愛他們，讓他們養尊處優，就沒有其他更重要的事情可做。他們有時候會拿家族傳承當藉口，彷彿得到政府贈與土地，或是創辦一家企業的遠祖，直接造就了今日的他們。這些自鳴得意的人，似乎從未想過命運對他們的眷顧。既然已經抽到好運籤，又何必在意過程呢？

每個人大概都曾遇過這樣的人。也許是學校的勢利小人（也包括那些作弊的人），也許是職場上那種為人圓滑，卻辦事無能，為了逃避責任不惜裝病的人。這種人認為只要耍手段搞政治，就不必認真工作。像這樣的人，在高爾夫球場上往往很淘氣，在網球場上往往狀態很好，運動精神卻不佳。他們作為朋友，有時幽默風趣，卻一點也不可靠。

簡言之，這些人被自己與生俱來，而不是憑藉努力得來的優勢慣壞了。

我們若是一時不察，太在意外表的一些東西，以為外表就足以代表這些人的人品，那就很有可能會羨慕這種人。這種人往往彬彬有禮、開著好車，也有優雅的愛好，例如帆船運動、花式騎術。即使看起來並不特別聰穎，也往往有名校學歷在手，也廣有人脈，所以要進入許多行業都不是難事。大多數的人必須刻苦耐勞才能度日，這些人似乎毫不費力。他們對自己的優勢很有信心，處理事情漫不經心，看起來輕鬆寫意，而且總能如願。

是不是令人羨慕？

我們稍加探究，就會發現其實不值得羨慕。

在精心雕琢的外表，優雅得體的舉止之下，這些得到特殊恩典的人，卻似乎少了什麼。表面上的自信，其實很脆弱，根本不是**真正的**自信，只是習慣要營造優越的**表象**。他們瘋狂享受名車、船隻、避暑別墅之類的玩具，是因為欠缺更珍貴、更微妙，更難得到的東西，所以才會拿玩具當成不盡完美的替代品。他們欠缺的，是一種使命感，是了解也接受真實的自己，也是**擁有的**與真心想要的之間的一種重要的連結。

最重要的是，他們表現在外的魅力，以及不少人也有的玩世不恭，往往只是一種刻意營造，卻終究無用的掩飾，遮蓋了缺乏自尊的內心。**唯有憑藉自身努力而有所收穫，才會有自尊**。這是最不可或缺的。許多受到命運眷顧，但內心空虛的人，往往無法經歷那種縱然艱辛，卻能提升自己的驚濤駭浪，不過這並不是他們的過錯。他們的家庭，給了他們富裕卻貧乏的人生。就像我父親說的，他們是背上插著金匕首出生。

◆

天底下沒有一個父親，會想剝奪子女擁有充實、快樂人生的最佳機會。沒有一個母親，會刻意阻撓子女追求自尊與成就。那為何有這麼多家庭明明是一片好心，卻做錯了呢？

我覺得原因之一，是富有的家庭，並沒有把他們面對的危機當一回事。誰都知道錢買不到快樂，但也有不少人認為，快樂買不到金錢，只是沒有明說而已！總而言之，有錢確實比較能滿足生活所需，但也不能因此認定，金錢能解決所有的問題，或是能讓痛苦消失。而且坦白說，現在這麼多家庭生活困頓，所以很難同情有錢人家的子女。

儘管如此，富裕人家的子女，確實也面臨一些他們特有的難題與危機。這些問題確實存在，也會影響人生。雖說不會影響最基本的生存需求，不會讓人無瓦遮頭，無米可炊，但絕對不是不重要。

許多臨床研究也證實這一點。我最近就看到博士心理學家瑪德琳・萊文（Madeline Levine）的研究，結論令人痛心。萊文博士表示，來自富裕家庭的青少年當中，三〇至四〇%受到心理疾病困擾。來自富裕家庭的十幾歲女生當中，二二%罹患憂鬱症，是全國平均值的三倍，其中一〇至一五%的憂鬱症患者，最終自殺身亡。

顯然問題很嚴重。但有些人的情況即使並未構成憂鬱症，後果也沒有那麼嚴重，卻還是深受其害。作父母的究竟犯了什麼錯，在無意間傷害了子女？

我認為，有錢父母最基本的錯誤大致可分為兩種。第一種是以金錢代替關愛。

不少探討育兒的書籍與雜誌文章，也談到這一點，所以我就不贅述了。但我想談談這個問題的另一個，也許太少人關注的層面。富有的父母之所以給子女太多金錢，太少關愛，通常是因為純粹懶惰，而且只在意自己。

你的口袋裝著信用卡，那你就很有可能買玩具給孩子。孩子拿到玩具，會高興幾分鐘，也許某些父母更在意的是，孩子拿了玩具就有事可做，父母就能繼續忙自己的事。對父母來說，花時間與子女玩耍，要花費的心力多出許多，但收穫當然也會多出許多。坐在地上，一起玩遊戲，了解小姑娘是如何思考，努力激發小姑娘的想像力。但這樣做需要投入心力，不是掏出一張美國運通卡就能搞定。

同樣的道理，有錢有人脈的家庭，就有餘裕將子女送進最好的學校。但這與積極參與子女的教育，完全是兩回事。強尼在那間名校都學了些什麼？他會不會寫功課？付了學費究竟是對**他**有好處，還是父母認為付了錢，就可以擺脫教養子女、回答子女的問題、擴展子女的好奇心的責任？

在這種事情上，很難逃過孩子的法眼。我發現孩子有一種智慧，是長大以後通常會遺忘的。孩子知道時間比金錢重要。成年人，尤其是處於職業生涯中期、收入正值顛峰的時候，所作所為卻彷彿覺得金錢比時間重要。要等到年老以後，金錢的新鮮感不再，所剩時間也越來越少，才會回歸以前的想法。但到了那時，孩子已經長大，家人散居各處，一家人沒能相聚的時光，再也回不來了。

美國作曲家哈利．查平（Harry Chapin）幾年前有一首歌，叫做〈搖籃裡的貓〉（*Cats in the Cradle*），道盡這種悲哀。有一段副歌是從忙碌的父親的角度唱出，後面忙碌的兒子也唱了一段。「我們以後會好好享受……我們以後會好好享受。」但始終沒有那麼一天，這首歌就這樣結束了。

富裕父母常犯的第二種錯誤，與我們現在的討論更為相關。如果說人生是我們自己創造出來的，那也一定要是**為自己**創造出來的。

這並不代表我們不能接受他人幫助，也不意味著不能運用自己的優勢。但還是有許多不同之處與灰色地帶。做父母的出於好意，為子女打點好一切，卻是剝奪了子女培養自尊的機會。子女不曾經歷挫折與磨難，就不會有骨氣。沒有挺過難關，就不會擁有真正且恆久的自信。

常有人引用我父親說過的一句話，是為人父母的只要有能力，應該提供子女「足以做任何事的資源，但不要多到足以讓子女什麼都不做。」換句話說，不妨給子女一些領先的優勢，但千萬別讓子女不勞而獲，否則只會害他們成了廢人。總有一天，得把閃亮亮的新單車的輔助輪卸下，而且越快越好！

富有的父母為子女打點一切的方式很多，最常見的一種，大概就是安排子女進入家族企業任職，或是引導子女從事先人已經成功的行業。表面上看來，這樣做是體貼子女。兒子能有最安穩的工作，順順利利直升最高層，有何不妥呢？媽媽在法律界、醫學界已經是知名專家，妹妹要是也進入這一行，豈不就更輕鬆？

但我們若稍微想得深一些，就會發現值得憂心的問題。這些表面上體貼的做法，究竟體貼了誰？安排兒子進入家族企業任職，對兒子來說真的是最理想的選擇嗎？還是只滿足了父親的虛榮心？如此安排究竟是成就了年輕人的夢想，還是滿足了老爸想掌控一切，希望自家事業有人接班的心理？母親動用職場人脈，讓女兒走上與自己一樣的道路，又是什麼樣的心理？是真心想幫助女兒，還是與有權勢的同事交換條件，以凸顯自身的地位？

換句話說，**幫助**子女，以及操縱子女以實現自己的企圖與在意的目標，當中的界線究竟在哪裡？我提出這個問題，心裡也很清楚，答案只存在於每個作父母的內心與良知之中。

我的父母的目標很明確。他們希望每一個子女，都能找到志業，全心全力經營。他們希望我們都能主宰自己的人生，在所做的一切，留下自己的印記。

但還是要說清楚。這是父母對我們的**願望**，而不是期待。他們知道，要經過一番艱難且迂迴的過程，才能找到志業。這個過程需要的是自由，而唯一的阻力，是來自家庭的壓力。所以父母鼓勵我們自行選擇人生的道路。我們也了解，最重要的並不是志業所能帶來的名利，而是真心做出的選擇。我若認為收垃圾是我今生的樂趣，那我的父母也能接受，我整天站在垃圾車後方。對我的父母來說，只要我喜歡我的志業，便已足夠。

我們可曾受到壓力，要我們加入家族企業，依循我父親開創的道路？這個嘛，我的哥哥豪威是農民，也是攝影師。我的姐姐蘇西在奧馬哈，養大兩位傑出的子女。我也走上了音樂事業的道路。我想這就是答案！

我要是想到華爾街做事（我還真的考慮過，大概思考了十五分鐘），我的父親會帶我入門嗎？我想他一定會的。我要是開口，他會不會幫我在波克夏．海瑟威（Berkshire Hathaway）安排一份工作？我想應該會。但我想強調，在這兩種情況，是**我**要負責表明，我覺得這些工作是我真正想做的志業，而不是純粹選一條最好走的路。我的父親不會幫我走最輕鬆的路。那就不叫發揮優勢，而是貶低自己。

◆

我剛才說過，有些自鳴得意的人，似乎把自身的優勢，完全當成理所當然。他們不願去想，在人生的開端，沒有「應得」這回事。這種人只覺得自己擁有的一切都是應得的，不懂得感恩。這種人難得抽空環顧四周，也不會看見充滿不公義、不平等的世界，而是心曠神怡的生活。

在本章的結尾，我想回歸這一點，再多談一些細微的差異。

我所描述的這些自鳴得意到極點的人，真的存在嗎？是的，真有這樣的人。但在出身優渥的人當中，這樣的人只佔極少數。畢竟得完全沒有感知，也沒有良知，才能如此自鳴得意。幸好，這樣的人很少。

絕大多數出身優渥的人，面臨的情況較為複雜，也較為微妙。他們知道，從某些角度看，這份幸運是命運強加給他們的，並不是他們應得的。他們只是不公平的世界的幸運者。他們當然會想享受從天而降的優勢，這也情有可原，但身為有良知的人，他們也很難接受先天的優勢。他們知道那麼多人得不到此等好運，又怎麼盡情享受先天的優勢呢？

感覺無法盡情享受自己的優勢，也會心生不滿。喂，我出生又不是我強求的。這個世界不公平，難道是我的錯？

心生不滿也會感到羞愧！

種種複雜的情緒交織，就會衍生出「上天的恩典所引發的罪惡感」。

這種罪惡感是一種越演越烈的疾病，出身優渥的人罹患此病，人生就沒有快樂可言。會認定自己永遠配不上天賜的好運，再怎麼努力也配不上先天具有的優勢。這種罪惡感是一種負擔，也是一種消耗……但你知道嗎？能感覺到，也能承認這種罪惡感存在，總比假裝沒這種罪惡感強。

這就是自鳴得意的人不為人知的痛苦。正因如此，他們看似自信，實則不然，往往以歡快的行為，掩飾內心的空虛與淒楚。佛洛伊德等人曾說，我們最嚴重也是最長久的困擾，是那些自己不願面對，裝作不存在的東西。天賜恩典的另一面是責任，自鳴得意的人不願承擔責任，害得自己只能過著虛假不安的日子。

在另一方面，我們若能承認這種罪惡感，就能正面迎擊，也能找到克服的方法。該怎麼做？我們在下一章，就要討論這個題目。

第3塊金磚：公平競爭的迷思

這世界不公平，

而我們該如何用公平的態度來評價自己？

政治人物與企業領導者，超喜歡將**公平競爭環境**掛在嘴邊。賺錢機會應該要平等。政治權力應該要平等。醫療服務應該要平等。得到快樂的機會也應該要平等。在一個完美的世界，一**切**都該是平等的。

但我們的世界並不完美。

我們的世界複雜、迷人又美麗，但並不完美。在現實世界，這種神話般的公平競爭環境，頂多只是夢想罷了。充其量是個值得努力的目標；最糟則會變成空洞的陳腔濫調，就像「進退維谷」（catch-22），或是「完美風暴」（perfect storm）。我們常常說起這些熟悉的字眼，感覺不必多加思考，也不需要明確定義，就能套用在許多情境。

公平競爭環境就像完美的圓圈，或是完美的**任何東西**，只存在於思想，只存在於柏拉圖式的理想。真實人生根本就不可能那樣完美。運動場上總有會主隊與客隊，會有奪冠熱門，也會有處於劣勢的隊伍。在商界，總有一些人擁有較為出色的資歷，較好的人脈，也總有一些人欠缺這些優勢。在政界，總有人有影響力，也總有人沒有。出生在非洲村莊，或是美國原住民保留地的孩子，在物質環境、醫療，甚至是平均壽命方面，都不如出生在康乃狄克州的孩子。

這些都不公平，也不應該。但凡有良知的人，見到這些情況都應該感到不安。

但還是有一絲希望。我們知道競爭環境不是公平的，就該更有動力讓競爭環境**更為**公平。努力追求平等與公平，也能減輕先前談到的那種有害的「上天的恩典所引發的罪惡感」。

在我小時候，母親就灌輸我重要的道德觀，教我要承認人生的不公平之處，即使能力再有限，也要盡力減少不公平。她教導我的方式，向來不是說教，而是讓我看見現實世界的情形，由我自行判斷。

母親認為，應該讓我接觸不同的教會與禮拜方式。同樣的道理，她也認為我應該要了解，每個人出生時的環境不同，擁有的機會也不同。母親有各行各業的朋友。她有時會帶著我，造訪一般人眼中「落後」或「貧窮」的市區。我在這些地方看見的人，當然流著相同的血、心中同樣有愛，胸中也同樣有夢。他們只是出生的環境不好，大概需要艱苦拚搏，才能徹底發揮潛能。

我的母親通常比較關注個人的困境，父親則是向來較為重視大局。是父親讓我明白，機會不平等傷害的不只是弱勢族群，也包括整個社會。

我的父親有一次與比爾．蓋茲夫婦一同造訪中國。他看見數不清的中國人在工廠、田裡工作，感到非常震驚。這些中國人因為出生在這樣的體制，整個職業生涯，都只能從事卑微的工作。他們當中有多少人，原本有機會成為企業家、發明家、創新家，卻被如此埋沒？或者像我父親說的：「有多少比爾．蓋茲，在那山上當苦力？」有才華、有原創能力的人，沒有機會善用自身的天賦，世界會因此少了多少藝術品，少了多少科學發明？機會不平等，顯然對**所有人**都有害。

◆

所以，沒有錯，這個世界不完美，競爭環境也不公平，那我們能怎麼辦？我們該如何讓世界至少稍微公平一點？我們該如何發揮自身優勢，讓別人的人生更為公平？我們幫助別人，自己又能如何善用人生？

這個世上有多少人，這個問題就有多少答案。答案是形形色色，有大有小的。範圍較大者如慈善事業，反為較小者如日常生活的善行。但無論大小，我覺得**最好的**答案，是建立在幾項基礎前提上。

最重要的第一項前提，是人人平等。這看起來像是廢話，其實不然。很多人會誤以為，一個人的**境況**就代表此人的本質，即使是好心人也有這個毛病。但人人的境況不同，本質卻不會不同。你若相信**人人**的生命，都有尊嚴，都有價值，包括你自己的在內！那你就該知道，**人人**的生命的尊嚴與價值，都應該是平等的。

懊悔的是，有些看起來是善意的行為，卻因為忽略了「人皆平等」的基本事實，而有了瑕疵，也許是無心忽略。但行善的人若是有優越感，覺得自己高於幫助的對象，那就不是真正的善行，而是高傲。

第二項前提較為複雜，是要心懷謙卑，承認我們的所知、所能皆有限度。

我們只能**盡力**幫助他人，卻無法預料自己的所作所為，究竟能有多少實質的幫助，甚至究竟有無幫助。若是非要看到成果，非要他人感激，那就不叫行善，而是為了自己而已。所以匿名捐獻，才是最純粹的捐獻。

此外，認為自己比別人更了解他們的需求，也未免過於自大（有些殖民政權與傳教士顯然就是如此愚蠢，以為將西方的服飾、道德觀，以及宗教帶給原住民，踐踏本地的文化與傳統，就叫做「改善」原住民的生活）。

由此可知，想斷定何謂「優勢」，何謂「劣勢」，大概是癡心妄想。人生沒那麼簡單。我們經常面對灰色地帶。

我舉一個例子說明。

我有個朋友，在就讀紐約大學期間，在兒童援助協會（Children's Aid Society）兼職工作。這位朋友出身勞工階級家庭，靠獎學金、貸款、午後兼差，以及暑期全職工作，才能完成學業。但他還是認為自己比很多人更幸運，畢竟那麼多人沒有機會上大學。他的優勢並不只在經濟上，更在於來自一個重視教育，充滿關愛的家庭。他的家庭灌輸他好學的精神，也培養了他的自信，讓他有把握克服學業競爭的壓力。

他在位於曼哈頓東村（East Village of Manhattan）的兒童援助協會分部工作。當時的東村，完全不是如今已貴族化的時尚東村，而是一個充斥荒廢的廉價公寓、廢棄的汽車，以及燃燒的床墊的荒涼之地。這一帶的公立學校水準不佳，資源窘迫。不少成年人與青少年使用海洛因。竊盜與搶劫在當地是家常便飯。完整的家庭十分稀有。簡言之，出生在這種環境的孩子，面臨的競爭環境可是惡劣到極點。

這位朋友回憶道：「我負責一群男孩子，大約十幾個人。一開始的時候，我完全忙不過來。我能跟他們相處的時間太少，一星期只有八到十個小時，但我想完成的事情太多。我急著想了解他們面臨的困境，所以我犯了一個在我看來，是很多人都會犯的錯誤：我把問題過度簡化了。我以為他們所有的問題，都能歸納為貧窮二字。這不就是他們的共同點嗎？」

「但我熟悉了這群孩子之後，發覺先前的想法大錯特錯。把所有問題歸咎於貧窮，是幫倒忙的人才會有的簡單想法。這種想法並沒有考慮到孩子們的差異。有些孩子很黏我，好像幼兒一樣。這種孩子通常有個缺席的父親。有些孩子則是與我保持距離，始終不太信任我。這種孩子多半是來自吸毒、暴力的家庭。有些孩子似乎把我們的中心當成避難所，可以靜靜坐著看書。還有一些孩子的好奇心已經被打碎，在學業上也失去了信心，認為娘娘腔才會看書。當然也有一些孩子是搗蛋鬼，精力發洩不完，總是在測試你的極限，等於是激你處罰他們。」

幾年後，我的這位朋友在因緣際會之下，在曼哈頓的一家知名私立學校任教一陣子。

「你知道嗎？」他對我說，「這家私立學校的孩子的問題行為，有很多竟然跟兒童援助協會的孩子一模一樣。」

我這位朋友任教的學校，有個特殊的使命，是專門教育「有天賦卻成績不佳的孩子」。

他說：「意思就是很會惹麻煩的有錢孩子。被其他學校退學，爸媽一年花三萬美元的學費，就為了再買一個機會給他們。」

這些孩子的競爭環境，又是怎麼回事？從金錢的角度看，這個世界確實待他們不薄。但他們的人生為何不順利？

我的朋友說：「有錢的孩子、貧窮的孩子，我漸漸不再著重在他們的不同之處，而是發掘他們的相同之處。就讀名校的孩子的父母，通常心裡只有自己的事業與社交生活，他們當中有幾位甚至是名人。他們的孩子很像兒童援助協會的那些沒有父親的孩子，個性脆弱，喜歡黏人，一直需要別人關注、撫慰。那些被父母虐待、輕視的孩子，我見到他們都還沒開口說話，就能感受到他們對我的怒氣，那種不信任的態度。當然也有一些孩子，總是在測試別人的極限，就是存心想把自己弄到退學，爸媽就又會理他們了。」

我的朋友與富孩子、窮孩子打交道，學到了什麼？一個很明顯的道理，就是我們若以為**有錢**就等於**幸運**，就忽視了許多灰色地帶，以及其他許多因素。良好的教養，至少可以解決一些貧窮所造成的問題。不良的教養，則是會虛擲伴隨富有而來的所謂優勢。我們無法斷定，窮孩子與富孩子誰比較快樂，誰比較能適應，誰又比較能擁有充實的人生。

我的朋友藉由這些經驗，也懂得調整自己的行為。他對我說：「我在這兩種情況，都是想幫助孩子，結果我要學的，遠比我要教的多。」

「我從窮孩子身上，真正領悟到了認同的奧妙，就是一種令人敬佩，令人想要效法的堅強。某些人就是因為如此堅強，遇到任何情況都無所畏懼。他們怎麼會有這樣的勇氣？這些孩子怎麼能一直這樣樂觀？至於我們其他人，若是被挫折打倒，那豈不是窩囊廢嗎？」

他接著說：「我從有錢的孩子身上，學到的是截然不同的道理，發現了我自己的錯誤。我剛開始工作的時候，心裡忿忿不平，那是一種對於另一個階級的憤恨。**我的**爸媽沒有能力砸三萬美元，讓我去唸私立學校。憑什麼**這些**孩子就可以？後來我認真去了解這些孩子，看見他們的脆弱，感受到他們的痛苦，我發現我不該再這樣忿忿不平。我們若是只憐憫不如自己的人，那就不叫真的憐憫。我們應該要憐憫每一個需要幫助，需要理解的人，也就是世上的每一個人。」

我的朋友也提到，他從這些經驗學到的最後一件事，也許也是與我們討論的主題最為相關的一件事。有了這些經驗，他懂得以更合理的角度看待，也更能接受，**他自**

己所面臨的不公平的競爭環境。他說：「我發現，天底下不會有兩個人擁有一模一樣的優勢與劣勢。而且其實重點是你怎麼看，稍微換個角度，逆風就變成順風。繼續努力，原本的阻力就會變成助力。人生的起跑點沒那麼重要，終點才重要。」

在我們結束關於競爭環境及其影響的討論之前，我想再探討幾個問題。

◆

真正完全公平的競爭環境，是一種遙不可及的夢想。而且天底下不會有兩個人的人生風景完全相同。所以一個人天生的優勢，是否會貶損他的成就？

我認為，這是許多出身優渥的人認真思考過，甚至感到苦惱的問題。這些人真的認為，現在的成就是自己的功勞嗎？知道自己贏在起跑點，或是在某個階段得到了重要的助力，會不會有損他們的自尊？他們怎樣才能擁有，認為自己的成績實至名歸的快樂？

在成績可以量化，也是公開的領域，要回答這些問題很容易。運動界就有這樣的例子。

小肯・葛瑞菲（Ken Griffey, Jr.）是一位非常傑出的美國職業棒球大聯盟選手的兒子，所以他在職業生涯的一開始，可以說是享盡了各種優勢。他從小就向父親學習球技，在更衣室與選手休息處閒晃，也得以揣摩職業運動員的精神。教練與球探也特別關注他……但那又怎樣？大家看見小肯・葛瑞菲打出全壘打，難道會認為那不是**他自己**的全壘打？顯然他只要自己一個人踏上球場，以實際的表現證明自己的實力，成長背景就不再重要。小肯後來終究入選名人堂，憑藉的是自己的實力與決心。

再看看一個娛樂界的例子。凱特・哈德森（Kate Hudson）是演員歌蒂・韓（Goldie Hawn）的女兒。她遺傳了母親美麗的臉龐，更在好萊塢的環境成長，接觸經紀人、製作人、導演的機會，遠比一般人多……但同樣是剛才的問題，那又怎麼樣呢？她在演繹一個角色，站在攝影機前的時候，這些優勢也就消失於無形。唯一重要的，是她當下奉獻的才華。

還有一點也很重要。若是缺乏才華與熱情，那先天優勢與人脈再多，也無法保證能成功。還記得南西．辛納屈（Nancy Sinatra）與小法蘭克．辛納屈（Frank Sinatra, Junior）嗎？他們絕對不愁沒機會，但音樂才華實在達不到天王父親的等級。我說這些並沒有貶抑的意思。辛納屈家的子女努力過了，也值得肯定。我想說的重點是，在成功與失敗、卓越與平庸都是可以衡量，也都公開的領域，很容易區別哪些是先天優勢，哪些是個人成就。

然而大多數人從事的行業，並沒有類似打擊率、奧斯卡獎提名次數、葛萊美獎獲獎次數這些明確的標準，所以難就難在這裡。大多數的人必須捫心自問，自己擁有的成果究竟是實至名歸，還是不勞而獲，純粹由先天的優勢推著走。但判斷的標準是什麼？

首先，我認為有必要做一個簡單的內心探索。我認為，我們在選擇職業生涯或人生路途的時候，應該要問自己，是真心想做，還是認為自己在這方面具有優勢？換句話說，我們選的究竟是自己真心想玩的「遊戲」，還是我們放棄了選擇，純粹交給先天優勢決定？

我先前提過，我有一陣子考慮過到華爾街工作。我會做得很開心嗎？大概不會。我能勝任嗎？誰也說不準。不過我要是從事金融業，當然會有很大的競爭優勢。一定會有人雇用我的，就當作是做人情給我爸爸。我大概也會受到特別的優待與栽培。也不太可能被開除！

我要是真的對金融業或投資業有熱情，要是真的認為到華爾街工作是我的使命，那**即使**擁有這些優勢，我大概也要踏上這條路。別人要說他能入行，全是因為有個老爸叫華倫・巴菲特，那就任由他們去說！我幹嘛要在意？我終究會有辦法，靠自己的力量做出成績……**只要**我真正想從事這一行，就不愁沒辦法。

那個「**只要**」是最重要的，是我們失敗或成功的關鍵。

就我自己的例子，我探索了內心，很快就決定我不適合華爾街。就生涯規畫而言，到華爾街工作會是個正確的選擇，但我心底深處會覺得像是投降、缺乏想像力。

探索內心只能靠我自己，誰也幫不了我。誰也無法幫**你**做這件事。每個人都要自己判斷，自己真心想走的路是哪一條，即使超級難走，也要堅定前行。

第4塊金磚：

選擇的兩面

別太早認定自己的天賦，也別忽略多走的彎路，

有時走錯方向，也能到達對的地方。

我十幾歲的時候，已經長期耳濡目染一種很優秀的職業道德，也就是我父親的職業道德。我也從在我看來是我母親的慈愛精神學到不少。她對於形形色色的人，有著無窮無盡的好奇心，願意排除萬難與各種人交流，聽他們的故事，了解他們的人生。

但儘管如此，面臨我的未來，以及會影響我的未來的種種決策，我就跟許多，甚至可以說大多數十幾歲年輕人一樣，一頭霧水，沒有方向。

我連要不要讀完高中都不確定，至少是不確定要不要以正規的方式讀完。我那時急著要展開人生，也考慮過跳過高三那年的學業，提早畢業。

當時的我對攝影很感興趣。我早在八年級就愛上攝影，是從參加男孩俱樂部的攝影課程開始的。我那時對運動沒什麼興趣，音樂是個愛好，但還沒到熱愛的程度。當時的我需要另一種活動，一種我能做好，能讓我因此更了解自己的東西。攝影就符合這種需求。我在高中時代，經常將自己的攝影作品，投稿到學校的校報與年刊。我也在夏天，在本地的一家週報工作。每天都學到一些東西，相機也成為我的認同的重要部分。

有了這點小小成績，我就想出一個雖說不太完備，卻很浪漫的計畫。我想提早讀完高中，然後搬到懷俄明州的傑克遜谷（Jackson Hole）當個攝影記者。不僅能養活自己，還能到戶外享受地球上最壯麗的風景。

以年輕人的計畫來看，我的計畫並不算癡心妄想。我**確實**有幾件已經發表的攝影作品。我**也許**會有報社願意雇用，在傑克遜谷展開職業生涯。但終究只能想像而已，因為我的父母對於當時的我該做什麼，想法與我截然不同。他們清醒又務實的想法，壓倒了十幾歲的我的幻想。

這就牽涉到非常複雜的話題，以及一些很難回答的問題。這些問題也許沒有標準答案，畢竟每個家庭不一樣。

不過我們還是舉個例子，父母親適度引導，與干涉太多的界線在哪裡？**輔導**到了什麼地步，會變質成**控制**？怎樣的教養算是過度，教養方式又該如何隨著孩子的年紀調整？年輕人對於自己的未來，究竟能掌控多少？**該有**多少自由？天底下有太多自由，太多選擇這回事嗎？

我們巴菲特家面對這些事情的態度，有一種根本的矛盾。我爸媽並不喜歡要求子女該做什麼，該成為怎樣的人。在我們成長過程中，父母灌輸的觀念，反而是我們大可成為自己想成為的人，應該照著自己的意願去做。

但人生從來沒那麼簡單，對不對？

因為，除了**說出來**的意思，也就是我們大可自己做決定，自由沒有限度之外，還有**沒說出**的意思，會引導我們的決策，限制我們的自由。這些沒說出的意思，當然就是父母的期待。每個家庭的父母都有期待，只是很少需要明說。

我們家沒有明說的期待之一，是子女在學業上要全力以赴。父母並沒有硬性要求我，一定要每一科都拿甲，而是認為我應該重視課業，認真努力。這種想法絕對沒有錯，而是會激發一種正面的效應：父母期待我成績優秀，顯然我**有能力**創造優秀的成績。有了這份自信，我的成績確實不錯，自己也很高興。

但這又回頭談到，當年十幾歲的我想提早畢業，到世界闖蕩。在這樣的關頭，說出來的意思，**找到你最愛做的事！**迎頭撞上沒說出的意思，**不要太早就認定你最愛做**

的事……而且不要省略沿途的步驟。

當時的我是個標準的年輕人，沒什麼耐心，總覺得那個沒說出的意思，純粹是阻礙我的熱情，限制我的自由，討厭得很。但年紀稍長之後，我發現這種勸告蘊含著重要的道理，只是我先前不了解箇中精義。我的父母並不是想阻礙我。他們只是想告訴我，成長要循序漸進，不可急躁。他們是擔心我急著成長，也許會錯過沿途的美好。我成年以後的生活在未來，等著我出現、經歷。在邁向成年的路上，也許有時會踉蹌。但我要是走捷徑，失去的會比得到的還多。

總之，我打算提前畢業，確實讓我爸媽感到駭然。最後，在我高二快結束的時候，我的媽媽出手干預。幸好我是後來才得知這些事，不然青春期的我，只怕要叛逆一陣子，到時不只會搞砸與家人的關係，還會影響自己人生走向。

事情是這樣的：

我在高二那年春天的某一天，我的新聞學老師說要跟我私下談談。他對我說，等我升上高三，他打算讓我做年刊編輯，當然，**條件**是我打消提早畢業的念頭。這份邀請是種殊榮。當了編輯，我就能繼續循序漸進走在攝影的路上。所以毫不猶豫就答應。（顯然我對於傑克遜谷的夢想也沒多堅持，但青春期就是這樣！）

我到了高三那年的尾聲，才發現在先前的春季，我媽去找我的新聞學老師，這個計畫是他們商量出來的。

我怎麼看這件事情？這個嘛，三十五年後的現在，我還在想這件事，由此可見我的情緒有多複雜。

從一方面看，我現在知道，即使是當時也**隱約**知道，母親與老師聯手讓我留在學校，是正確的，我也相信，我的新聞學老師真心希望我擔任編輯。

可是……這兩個大人瞞著我，商量著改變了我的人生道路。我一想到這個，心情就很複雜。我都不知道是該感激，還是該反感。我覺得，我或多或少兩者皆有。這幾位大人是真心替我著想，這點我從未懷疑過，但儘管如此，對於他們如此干預，我還是覺得不太自在，也難免會有些疑慮。得到編輯工作，算是小小成就……但真的是我憑藉自身努力得來的嗎？我究竟是在母親與師長不著痕跡地引導之下，逐漸走向最適合自己的人生，還是他們，再說一次，雖說完全是替我著想，但卻剝奪了我為自己作主，主導自己人生的機會？

關於這起事件，如果有人想看到明確的結論，那我必須道歉，因為並沒有這樣的結論。這起事件衍生出的幾個問題，並不容易回答。唯一能確定的就是：當父母不容易，做子女也不容易。而且天底下沒有完美的父母，也沒有完美的子女。（應該說有些人之所以虛偽、精神崩潰，大概就是因為**追求**完美！）不少慈愛的父母，在孩子成長過程中，都有插手的衝動，有時難免會失了分寸。子女即使眼看就要做出錯誤決策，也絕對不樂見大人插手。這就是人生。

但人生是我們自己創造出來的。我認為，父母與子女之間難免會有爭執，但重點並不在於引發爭執的那些不同的意願，而在於爭執所衍生出的決策和新的理解。我永遠不會知道，那年我要是朝著傑克遜谷進發，後來的人生會是如何。但我**倒是**知道，留在家裡把高中唸完，最後證明是正確的決定。我很希望相信，當時的我已經做好獨闖世界的準備。但我現在知道，我也許並沒有做好準備。我那時**還在學習**做出正確的決定，學成了就能享受自己作主的自由，但我還沒學成。後來的發展簡直有點禪意：我找到人生道路的方法，不是堅持我的意志，而是放棄我的意志。

喔，對了，我們在我高三那年做出的年刊，是我非常得意的作品。

◆

說起這則關於年刊的小故事，我就想起一個更為廣泛的主題。這個主題也有不少灰色地帶、矛盾，也許也會令人不自在。這個話題，就是父母為子女安排特殊待遇或某些優勢，子女會受到怎樣的影響。

我先前提過，在我童年時期，我家並不富有。但我到了青春期階段，我的父親已經是備受尊崇的名人，結交了位高權重的朋友，想接觸誰都不是難事。我能就讀史丹佛大學，也是因為頂著巴菲特這個姓氏，再加上《華盛頓郵報》發行人凱瑟琳．葛蘭姆（Katherine Graham）寫的推薦信，這是無可迴避的事實。

這並沒有什麼稀奇。每一間私立大學都會挪出一部分的入學名額，給傑出校友或是有望成為金主的人士的子女，作為一種「傳承」。依循這種管道入學的學生，通常也能與那些憑藉學術水準測驗（SAT）兩項滿分八百，還有身為高中畢業生致詞代表，因此得以入學的資優生，相處愉快。這個制度公平嗎？不見得。但我最在意的並不是「制度」，而是制度對個人的影響。

坦白說，我其實不太曉得，當初為何要答應去念史丹佛。當時的我，真的一心想接受高等教育？我覺得不是。我對史丹佛大學，特別有好感嗎？我覺得沒有。我覺得，真要說起來，應該是我之所以選擇史丹佛，是因為知道能進這所學校，是一種殊榮。我當時的心情，並不是迫不及待想獨自闖蕩，而是覺得此等良機不容錯過。

簡言之，我並沒有一心想進史丹佛大學，心裡只是淡淡的。對我來說，責任的成分大於喜悅。後來我讀了三學期就休學，顯然這也是原因之一。我在後面還會談到休學的原因。現在先再講另一個可能的原因：我覺得，我始終沒有真心相信，我**應當**進史丹佛。

我如果不是頂著巴菲特的姓氏，能錄取嗎？沒有名人寫的推薦函，校方會多看我一眼嗎？我配跟這些高中時期一路名列前茅，SAT又考滿分的資優生，坐在同一間教室嗎？

我並沒有被這些問題弄到輾轉難眠……但信心還是受到打擊，而且在唯一真正重要的地方，也就是在**我的心中**，我的正當性也有所動搖。

我的父親是不是不該幫助我進史丹佛大學？當然不是。哪個做父母的，不想幫子女更上層樓？但我覺得，這又是一個沒有明確解方的兩難困境。也再次證明，天底下沒有完美的父母，也沒有完美的青少年。

還是要謙卑一點。父母懂的通常比子女多，但誰也不可能什麼都懂。我們只能本著善意，希望自己真正的動機是純潔的。說實話，這些動機有時候很複雜，只是大家不願承認罷了。每個人大概都認識這樣的家庭：將子女送進哈佛、耶魯之類的名校，好讓自己能在外吹噓。**喔，你家孩子在歐洲晃蕩了一年是吧？我的孩子在普林斯頓讀法學預科**。我們怎能斷定，哪一個年輕人累積的經驗較為可貴？支付普林斯頓大學的學費，究竟是為了子女的教育，還是為了滿足父母的虛榮？

家家都會給出不同的答案。我可不想引戰！只是提出問題而已……。

◆

我在史丹佛大學的那段日子，也還是善用光陰。我後來才知道，當時沒有明確的方向，反而是件好事。我那時雖說沒有特別熱愛什麼，至少也對一**切**都略感好奇。所以我在能力範圍內，盡可能多修課，只要是「什麼什麼入門」，或是「什麼什麼學」，我通通都修。

你可以說我是業餘愛好者，但看看英文字「dilettante—業餘愛好者」的拉丁字根：dilettare，它的意思是「以……為樂」。當時的我就是這樣，就是在享受多元豐富到令人讚嘆的博雅教育。這才是在史丹佛這樣的學校求學的真正好處，只是我當時大概沒有完全體會。我可以閱讀各大哲學家的作品，研究基礎科學、涉獵文學，不必急著選定主修。一旦選定了主修，視野就會變窄，我就會走向一個嚴格又競爭激烈的職業，屆時我的選擇就會更少。

文學院的環境，滋養了我無邊無際的好奇心。但我現在知道，我對於自由，以及擁有選擇的意識，是早在小時候就在家中養成。父母賜予我的種種優勢當中，這一項絕對是最有價值的，就是明白我不必被生活所迫，可以把眼光放寬，自由選擇度過此生的方式，而不是把自己縮小，勉強擠入一份預先選定的工作。

我在史丹佛大學念一年級的時候，有個事件讓我真正領悟，這種自由是何等稀有、可貴。

有一天，我走在宿舍走廊上，聽見我認識的一位女同學，講電話講得很激動。（是，聽起來很怪，但絕對是實情。從前從前，世界上沒有手機，大學生要打電話回家，通常還是受話人付費，得到走廊去打公用電話！）我不想偷聽，也不想打擾，所以悄悄離去。過了一會兒，我這位同學哭著從走廊走過來。

我問她怎麼回事。原來她是因為高興，因為放下心中的石頭而哭泣。她剛才是跟父親通電話。她把心裡的話全說給父親聽，說她有多不快樂，已經瀕臨崩潰。她認為，若是繼續走現在的路，往後的日子只有痛苦，也許還會一事無成。她的父親聽完，最後對她說，好，她可以不當醫師。可以去當律師。

這位同學抹去眼淚，心中的壓力一掃而空，幾乎笑了出來。她說：「是不是太好了？」

我站在那裡，笨嘴拙舌地想說些有用的話，安慰的話，卻只能想到妳有選擇是件好事……可是妳的選擇也未免太少了吧？！就只有醫師、律師兩種？妳能做的職業這麼多，卻只能二選一？

我已經不記得，那天究竟對她說了什麼。也許只是點點頭，但我因為這件事，開始思考許多事情。其中之一當然是選擇，以及不同的人如何選擇。我也開始思考，選擇與優勢之間時而矛盾的複雜關係。

我們不妨想想，究竟什麼叫做**優勢**？我覺得太多人認為金錢，以及金錢能買到的東西，才叫做優勢。這些人認為，所謂優勢就是住在大房子，有享用不盡的美食，有華服可穿，睡在冬暖夏涼的乾淨床鋪。這些都很好，但這些是優勢的**本質**嗎？我認為不是。

如果人生是我們創造出來的，如果我們自己勇於創造想要的人生，那我認為優勢的本質，顯然是在於擁有最多的選擇。

想想那些至少以我們的傳統標準來看，並**不具有優勢**的許多人。例如非洲的村民，因為政府貪腐，或是缺乏教育機會，只能勉強務農度日，或是照料幾頭瘦弱的牛。或是貧民區的年輕人，或是生活在貧困的保留地的美國原住民，在絕望與家庭破碎的雙重打擊之下，人生的選擇有限。還有那些中國工人，在自己國家的制度之下，只能一直待在一開始進入的工廠與農場。這些人處於這樣的環境，往往終日只能為衣食而奔忙。顯然必須優先為自己、為家人掙得三餐、住所。但他們被剝奪的，並不只是經濟上的安穩與舒適的物質環境。他們被剝奪的，往往還有**選擇**。我們稍加思考就會知道，缺乏選擇就跟缺乏其他任何東西一樣悽慘。飢渴每天都能解決，但渴望改變，渴望新的可能性，卻不可得的失落，卻是終其一生都解決不了，甚至還會代代相傳。

再回過頭來，看看我在史丹佛大學的這位同學。她顯然握有「優勢」。她家很富有。她能接受世界級的大學教育。理論上，她應該擁有無限多的選擇。

但實際上，她的家人對於何謂「好」、「合適」、「在社會上體面」的職業，存有一些偏見，因此限縮她的可能性。當然，當個醫師、律師並沒有什麼不對……只要是**真心**想當，就沒有問題。但我想表達的就是這個。以我這位同學來說，她**想做**什麼似乎並不重要。她的未來已經被設定好，她必須按照劇本扮演，而且至少在當時，她也任由別人操控她的人生。

換句話說，她確實握有優勢，但她看待她所擁有的選擇，卻彷彿自己毫無優勢。這豈不是很奇怪？她的父母一手給了她無限的可能性，另一手卻奪走絕大多數的可能性。她要是想當老師，或是想當舞者怎麼辦？她要是想做其他許多收入比較不穩定，但也許會比較快樂的工作，又該怎麼辦？萬一她真正想從事的，是以當時美國的文化而言，沒那麼顯赫的職業，該怎麼辦？

這位女同學的家人，當然是為她著想，至少他們自己是這麼想的。他們希望她這一生能名利雙收，生活寬裕。他們希望她做出**正確**的選擇。

但正確的選擇，並不見得是最安全、最輕鬆，甚至不見得是表面上看來最該做出的選擇。正確的選擇，通常不是別人為我們做的選擇。而且如果只能在死板與狹隘之間選擇，那簡直是浪費了我們眼中的優勢。

◆

我再說一個比較快樂的故事，與史丹佛同學的故事做個對比。

有句格言，我在汽車保險桿貼紙，還有T恤上都看見過，不過這句話即使是佛祖、老子說的，我也一點都不意外。這句話是「**並非每一位遊蕩者，都迷失了方向**」。我覺得這句話蘊含著真理，只不過很容易被誤解成一種鐵律。我的意思是說，有些遊蕩者**確實**迷失了方向，事情就是這樣！但在許多情況，遊蕩在眾多選擇之中，並不叫做迷失，而是發現自我的必經過程。

有位朋友最近跟我說起，他以前的一位同學。這位同學每學期都改換主修。他念大學是打算以後當機械工程師，但他很快就厭倦了工程那些具體的實務，嚮往空靈、抽象的東西。

於是他改為主修物理。有一陣子都沒有變心，但他後來發現，他喜歡的其實是物理所表達的美麗、有序的型態。

他又換成主修數學，數學研究的**全是**型態，完全與實物無關。他對數學的興趣維持了一兩個學期，然後他又覺得他的生活**太**抽象了。他現在又想要看得見，摸得到的東西。

他再度改換主修，這次連就讀的大學都換了。到了此時，他的父母當然已經抓狂，就連他的朋友們，也懷疑他根本是那種非常聰明，卻古怪到不行的人。他就讀羅德島設計學院（Rhode Island School of Design），主修藝術，專攻製圖與繪畫。

這次的轉變乍看之下很怪誕，其實不然。這傢伙迷戀美麗的型態。數學的型態雖說漂亮得很，卻是看不見的。他很想將這些型態具像化。何不以精美的線條、構圖，以及色彩的混搭，呈現類似的型態呢？

但是……想不到吧！繪畫這條路到頭來也不適合這傢伙。首先，他覺得自己可能缺乏繪畫天分，也許沒有能力將他對繪畫的想法，化做實際的繪畫。而且他也覺得畫家的生活太孤獨，離大多數人共有的經驗與處事太遠。

於是他又換了主修，這次改成建築。建築需要協作，需要社交往來，既是一種藝術，也是一門生意。要做好建築設計，需要懂得物理以及數學關係。他也能發揮繪圖技巧，還能接觸他最喜歡的型態。這下他終於找到最適合他的志業了，對吧？

呃，還沒。建築還是有幾個他無法接受的地方。一個是大多數的建築設計，始終沒有興建，永遠停留在藍圖階段。那建築所用的鋼鐵、玻璃、石材呢？這傢伙覺得他對**建材**，以及建材特性的豐富程度是越來越感興趣。換句話說，他繞了整整一圈，思考還是像個機械工程師！

畫在藍圖上的建築物，要如何融入城市的型態、規畫與輪廓？建築物的美感、大小，以及所用建材的性質與成本，對於在建築物裡面生活、工作的人，會有怎樣的影響？這些建築物會一起形成怎樣的**整體**型態？

找到啦！他終於找到那個最符合他的各種興趣，他也能盡情發揮所長的學科。原來最適合他的工作，是都市規畫師。他最後一次改換主修，拿到碩士學位，後來成為知名的都市規畫師，而且做得很開心。

所以……這傢伙在周遊列主修的那些年是「迷失」了嗎？還是他其實是走在尚未明朗，但終究會引導他走向志業的道路上？

◆

有所謂太多的自由、太多的選擇這回事嗎？

我覺得沒有，但也不難理解，為何有些人認為有。許多年輕人濫用自由，或是面臨太多人生選擇，不知所措。年輕人使用毒品，顯然就是嚴重濫用自由並釀成禍害的例子，但並不是**擁有自由才會如此**。會使用毒品，往往代表有其他問題，只是吸毒的人還沒有找到更好，更健康的解決方案。年輕人懵懵懂懂進入成年期，卻又沒有志向與方向，很有可能是因為無法選擇人生的道路，也無法拋棄其他可能性。

但我們還是要把道理講清楚，不要隨便找藉口。一個人濫用自由，那可不是自由的錯，而是他們自己的錯！

自由必須是有限度的，必須從內心克制。我媽常說一句話，幾乎是她的口頭禪，道盡這個道理。她曾對我說，我想成為什麼樣的人都可以，但不能想做什麼就做什麼。換句話說，我可以有一萬個志向，但我的**行為**必須符合應有的規範。這些規範包括個人的道德與操守，以及社會共有的行為與道德準則。這些並不是要束縛我的自由，而是要給予自由合宜的方向與樣貌。畢竟，自由與無政府、無法無天、混亂失序，還是有差異的！

同樣的道理，一個人會糾結於眾多選擇，問題並不是在於有太多選擇，而是這個人不清楚自己要什麼，也不想選定一個選擇。

但要如何知曉自己要什麼，又如何認定一個選擇？這就要談到志業這個複雜的主題了。

第5塊金磚：

志業總是得來不易

傾聽內心的聲音，看見自己獨特的能力與性情，
志業才會變得觸手可及。

二〇〇八年秋季，我有幸分別在紐約與洛杉磯的佩利媒體中心（Paley Center for Media）表演。這次的機會對我來說意義非凡，原因至少有幾個。表演結合了音樂、影片，以及對話，我也得以分享、打磨我後來在這本書分享的許多想法。洛杉磯的那場音樂會，對我來說非常特別，因為我的父親也參加。

這是父親第一次，在這樣的公開場合聽我演奏、演唱。但他不只是聽，也參與其中。他帶來了他那有名的烏克麗麗，我們一開場就一起唱一首歌。我們表演了一首熱情洋溢的〈甜心佳人〉（Ain't She Sweet），父親對觀眾說，他這次來是要「看看我投資鋼琴課學費的報酬率」，觀眾聽了哄堂大笑。

我當時沒想到，不然應該會問他，是**哪個**鋼琴課，因為我曾經學鋼琴又放棄，而且不只一次，是整整四次！

我覺得，這也是我想表達的重點之一：此生最適合你的志業，不太可能一下就找到，通常要歷經一番波折，要經過幾次的疑慮、挫折、危機、磕磕絆絆才能找到。

回想起來，很顯然音樂一直是最適合我的志業。所以我才更搞不懂，為何這麼久才決心走上音樂的道路。我覺得在這方面，很多人跟我一樣。有時候，**最不容易看見的，正是最明顯，就在我們眼前的東西**。

我的母親曾告訴我，我都還不會說話的時候，就會搖搖晃晃，唱著「一閃一閃亮晶晶」。我先前提過，我從幼兒時期，腦海就會響起一首首的歌，但當時的我不知道這有什麼特別。不是每一個人都會這樣嗎？等我長高到足以搆到鋼琴的琴鍵，就會敲擊低音鍵製造雷聲，也會彈彈高音鍵，模擬雨聲。

說說我四歲那年安排的「約會」。我請一位名叫黛安娜的朋友到家裡玩。她是我今生第一個暗戀的女生。我從家裡的壁爐走出來，那壁爐圍繞著我，就像舞台的拱門，對著她唱出一首保羅・安卡（Paul Anka）的歌。喔，請留在我身邊，黛……安娜！

後來我五歲那年，又發生了一件驚天動地的大事：披頭四首次登上《艾德・蘇利文秀》（*The Ed Sullivan Show*）。我如癡如醉。我為之傾倒。巴菲特全家就像無數家庭，立刻跑到附近的百貨公司，買了一張珍貴的黑膠唱片，那是Vee-Jay唱片公司出品的《披頭四入門》（*Introducing the Beatles*）。我很快就很熟練，喔，不對，應該說一直都在練無形吉他。我學約翰．藍儂（John Lennon）彎著膝蓋，也學保羅．麥卡尼（Paul McCartney）一邊伸著脖子，一邊唱他的招牌對，對，對，對！我聽這張專輯聽了幾十個小時，幾百個小時都有可能，用我們家的Sears可攜式電唱機播放。有一天，電唱機的唱針壞了。我拿我媽的的一根縫紉針代替。竟然管用耶！這是我第一次結合音樂與科技。

我在六歲那年開始學鋼琴。我的老師是典型的「街上的老女士」。我姐姐，還有這一帶的幾個孩子，也跟她學鋼琴。她教我基本的指法、和聲，以及簡單的和弦與視奏。

我也了解了大調與小調的差別，大調聽起來歡快愉悅，小調則是陰鬱悲傷。有了這些基本知識，就能徹底理解如何以音樂傳達情緒，音樂的表達能力又有多豐富。有一天晚上，大概是我七歲的時候，我身體不太舒服。我走到鋼琴前，有張椅子離鋼琴很近，我父親老是坐在那張椅子上看晚報。我不想以言語表達糟透的心情，於是慢慢以小調彈奏〈洋基歌〉（*Yankee Doodle*）。說來還真奇怪，這首輕快的進行曲，竟然被我彈奏成輓歌，家人一聽就明白了我的心情。

◆

我雖然熱愛鋼琴，音樂在我當時的人生，也已經佔有一席之地，但兩年過後，我卻不想再上鋼琴課。

為什麼？要回答這個問題，我必須先中斷我的懷舊之旅，思考與更多人相關的幾個問題。年輕人為何這麼難發現真正適合自己的志業，又這麼難完全投入？在一路上會遇到哪些難關，還有哪些大概是必經的過程？

我覺得其中一項難處，就是發現並投身真正適合自己的志業，確實會提高人生的風險。想一想就知道了：大多數人的大多數能力只是普通，這個普通就是**平均水準**整個概念的基礎。這並沒有問題。大多數的人當學生的表現普通，高爾夫球技普通，做什麼都普通。雖然有蓋瑞森・凱勒（Garrison Keillor）那樣的全才，但一個地方總不可能人人都**優於**平均水準，因為這樣一來，平均水準就會變高啦！

在生活的大多數領域，做到平均水準就已足夠。**能做到平均水準，其實也有實質的好處**。不僅能減輕壓力，也不會把期待拉得太高。

但若是志業，那僅僅達到平均水準是不夠的。如果你有志成為廚師，廚藝就不能太普通。每一位以教學為志業的老師，都不會希望自己在課堂上表現平平。沒有一位作家會希望自己文采平庸。

所謂志業就是你渴望做到出類拔萃、脫穎而出的領域。這種渴望是件好事，能讓我們竭盡所能提升自己，而憑藉自己努力而來的領悟與成就才真正屬於我們。

所以選定一項志業才這麼可怕。

我們在人生的許多地方注定表現平庸，所以即使表現稍微不理想，也無所謂。但職業是我們的身分，是我們想證明自己與眾不同的途徑，要是做不好就嚴重了。

回過頭來看看我第一次放棄學鋼琴。那是我八歲的時候，我也不敢說我那時的想法很成熟。我想放棄的原因，簡單講就是我對鋼琴課沒興趣了。

為什麼沒興趣呢？

我覺得我之所以沒興趣，是因為鋼琴課越來越難了。之所以越來越難，是因為我越來越深入一個我非常重視的領域，一個我很想精通的領域。當時的我還是個孩子，卻也漸漸了解到，我對鋼琴並不是隨便玩玩，我很認真看待。

因此，我對音樂剛萌芽的熱愛既帶給我快樂，也帶給我一種不自在、隱約的恐懼。

我相信，很多人剛接觸最適合自己的志業，在又愛又恨的階段想必也有跟我一樣的複雜情緒。

◆

人生很複雜，我們常常會懷有一些感覺，它們乍看之下互相矛盾，但其實完全相容。所以我現在要再說一個驅使我在八歲高齡，決心放棄學鋼琴的矛盾心理。我討厭難度越來越高的鋼琴課，但同時也很自信，應該說是自大才對，以為我可以自學音樂。

我自己寫的簡單樂曲，來自一個神祕的地方，而且散發著活潑絢爛的色彩。既然如此，我又何必學別人那些印成白紙黑字的音樂呢？

懷抱這種自信雖說很振奮，卻也很危險。感覺自己至少有一點點原創能力，且能做出我自己的音樂確實挺開心的。但我懂的還不夠多，應該說根本就是太少，所以還無法發揮原創能力。若是以為我已經有能力創作，那就不會有學成音樂的一天。我覺得，那些剛開始有了創作的慾望、比較早熟、自以為懂的比老師還多的孩子都應該牢記這一點。

我總算明白了：學成技藝是沒有捷徑的！我必須懂得虛心受教。

◆

許多主要傳統宗教，都尊崇各自的老師，而且不約而同地都認為，人生帶給我們**各式各樣**的老師。佛教有**多道多師**的格言。基督教《聖經》福音的作者不是一位，而是四位。希伯來經典最重要的禱文之一 Kaddish，原本是盛讚一位受人敬愛的老師的頌歌，後來演化成廣為流傳的獻給死者的禱文，意思是先我們而去的**每個人**，都是我們的老師。

換句話說，有多少東西要學，就有多少位老師，數量幾乎是無限多。

我在談到鋼琴課的時候提起這一點，因為我還要經歷三位鋼琴老師，鋼琴課程才終於告一段落（我說的是**付費聘請**的三位老師，另外還有幾十位曾經教導我，影響我甚遠的老師，只是他們自己都不知道有我這個學生，我也未曾向他們致謝）。在我斷斷續續的學習過程中，每一位老師對我的影響都是獨特且無可取代的。在每一個領域，好老師的貢獻絕對不只在於傳授知識，也在於傳授他們自身的特質。所以每一位老師對我在技術上的培養，也許不如他們各自不同的**教學方法**重要。

我的第一位老師，採取的是正規的教學方式。看音符、數拍子、把手指放在正確的琴鍵。不是很有創意，卻完全正確也非常重要。也點出了一個也許是放諸每一種學問皆準的真理。一定要**先經過枯燥無味的練功階段，練就基本功，才能讓想像力盡情**

馳騁。我們要走過乏味的過程，練就古老的技術。若是沒有打好紮實的基礎，就胡亂揮灑創意，製造的垃圾會比傑作更多。

我的第二位老師，我在五年級開始跟隨她學習。她的教學方法與前一位的不同之處看似不起眼，其實很重要。她著重的不是音符，而是聲音。比方說，美國民謠搖滾音樂二重唱樂團賽門與葛芬柯（Simon and Garfunkel）的歌曲，為何聽起來與莫札特的奏鳴曲不同？一個簡單的C大調和弦，有多少種表達方式？同樣的一件樂器怎麼可能聽起來既像蕭邦，又像傑瑞・李・劉易斯（Jerry Lee Lewis）？

我從第二位老師身上學到，我每次按下琴鍵都是做出選擇。不只是選擇奏出哪個音符，也是選擇如何演奏，如何製造出符合我正在彈奏的材料的聲音，以及最終要製造出具有**我的**特色的聲音。

我的第三位老師以此為基礎，甚至發展到了截然不同的境界。在她看來，音符與規則只是最基本的原料，要先學會才能超越，至於聲音則只是一種手段，重點是要達成一個重要得多的目標：自我表達。

我學到的東西越來越多了！很好玩，也很可怕！要如何駕馭心中的情感並與腦中的知識融合，再化為手指彈奏的音符？在這過程中，需要投入多少靈魂、承擔多少風險、展露多少自我？需要多了解自己，又要多放任自己才能做到？你探索內心深處，將你最原始、最私密的感情付諸音樂，結果卻……不怎麼動聽，又該如何？

我還沒做好放手一試的準備。我對於人生、對於自己的內心還是知之甚少。我選擇另一門技藝，也就是較為安全，與自己的內在較為無涉的攝影。再一次漸漸擱置我與音樂的交織。

◆

我談我自己談太多了，至少現在先打住吧！我們還是回過頭來談，什麼是真正適合自己的志業，還要談一些基本的問題。

首先，讓我們願意傾注一生心血的志業，究竟是從哪裡來的？我有一個簡單，只是大家可能不愛聽的答案：誰也不知道。我們看見子女追隨父母的腳步，當然會認為子女是繼承衣缽，或是受到根深蒂固的家族文化影響。但也有不少子女走向與父母截然不同的道路，那又該作何解釋？有一位非常傑出的詩人，名叫詹姆斯・梅里爾（James Merrill），正好就是創辦美林（Merrill Lynch）的家族的子孫。**他的**志業選擇，我們又該如何分析？答案是無須分析。與其分析，不如藉此機會，欣賞人性美妙的複雜之處，也讚美人生帶給我們的豐富選擇。

我想問的第二個問題比較複雜。每一個人在今生**都有**適合自己的志業嗎？

這個嘛，這要看我們如何定義。我們要是將「志業」定義為熱愛的工作，那坦白說，並不是每個人都有。在理想的世界，每個人都能找到自己熱愛，又能賺錢的工作。那可真是理想國啊！然而真實的世界不見得如此。我們可以努力把工作做好，可以努力把工作做得出色，但這跟熱愛工作、跟藉由工作表達最真實的自我，是不一樣的。

但我覺得「志業」的定義應該更寬廣，應該要能適用每個人。我覺得「志業」是一種力量，牽引著我們走向適合我們的人生，真正屬於自己的人生。這種人生**可能**會以工作，或某種職業為中心，但也不見得一定如此。我們選擇的道路的任何一個層面，都有可能讓我們快樂、**適合**我們。

我要分享一對伴侶的故事，從他們不同的人生道路，可以看出我想說的可能性有多寬廣。

這對伴侶的其中一位，從小就知道自己注定要當作家。他說：「這跟有沒有天分沒什麼關係，而是跟性情有關。我跟其他孩子相處得不錯，但到了真正要專注的時候，我還是比較喜歡一個人獨處。我要探索事情的原因，要找到**為什麼**的答案，這對我來說很重要。我很小就發現，我很有紀律，但我只會遵守**自己定**的紀律。別人要是指使我，我就會生氣，會反抗、會堅持己見。像我這樣的人，最好不要有老闆，我想這樣一來就可以斷定，九五％左右的職業不適合我。」

從最後的這句話，即可看出知道適合自己的工作或志業的好處：我們就很清楚自己**不想**做什麼，也能縮小範圍！

總之，這位先生決心要當作家。他也說：「我從來沒有B計畫。我一輩子可能動搖過兩次。一次是我剛進大學的時候，覺得以寫作謀生太冒險了，應該念醫學預科才對。後來我第一次上生物學實驗課，必須殺死一隻青蛙。那個過程太恐怖，我就不細說了，反正我覺得我這個人太神經質，當不了醫生。我的務實念頭第二次發作，是剛從大學畢業的時候。我在總統大選期間，找到了民意調查員的工作。這份工作其實挺有意思的，可以跟很多人說話。可是我**為什麼**會想跟很多人說話呢？因為可以蒐集寫作的題材。這對我來說，一直都是最重要的。」

於是這位先生決定，無論有多冒險，他都要將他的「錢途」賭在寫作上。他說：「幸好我當時放手一搏。那時我還年輕，而且寫作的人難免會被退稿，那時的我受了挫折也恢復得很快。我那時一毛錢也沒有。我在大概三十歲以前，過日子都像個學生。但我也無所謂。我做的是自己想做的事情。我都不曉得，這能不能說是選擇。我只是無法想像自己做別的行業。」

總而言之，這位先生的人生，顯然就是以一種工作、一種適合自己的志業為重心。

相較之下，他的伴侶選擇了一種截然不同的志業，但至少在我看來這樣的選擇也完全沒問題。

這位先生說：「我一直都沒有所謂的正職，也一直不想有。我做過很多份工作。我承認賺錢很重要，但工作對我來說就只是這樣，就是必須工作賺錢而已。沒有什麼好壞可言。就是一定得工作賺錢，才能生活。」

他的伴侶從小就知道，自己注定要當作家，而他也是從小就知道，自己的個性不適合做一份固定的工作。他憶起以往，說道：「以前在小學課堂上，老師問了一個每個老師都會問的標準問題：長大後想做什麼樣的職業？別的小朋友說消防員、太空人、科學家。我說**快樂**。有些小朋友說，快樂又不是工作。我還記得我那時候想，喔，是，當然是！

他說：「那個時候，我也說不上來我的想法，但其實就是我覺得大家做這些事情，做一份職業、賺錢、買車子、買房子，**就是為了要快樂**。那何必繞那麼大一圈呢？還不如直接追求快樂。」

把快樂當成一種志業？有何不可呢？在我看來，認真追求快樂，就跟做任何事業一樣，要想成功，就必須具備同樣的許多條件：耐心、了解自己，以及從逆境反彈的力量與堅定。

總之，這兩位先生不同的志業，讓我想起「**在**」與「**做**」的古老爭論。**東方哲學往往認為「在」是最重要的**。所謂「在」，意即安靜沉思、連結與寧靜。簡言之就是快樂。**西方傳統則是強調「做」**，實現、成就、成名，簡言之就是工作。

這兩種哲學，是否有「好壞」、「對錯」、「實用」之分？這個問題永遠不會有定論。但在我看來：一個人真心將工作當志業，那做就**等於**在。一個人真心追求快樂，將快樂當成一種志業，那在就**等於**做。我覺得這樣一來，兩者就沒有衝突了。

◆

回到鋼琴，我與我此生的志業之間的忽冷忽熱的曖昧，進入了另一個階段。我認識了一位朋友，叫做拉爾斯，他跟我一樣醉心鍵盤樂器。我們開始四手聯彈，不久之後就開始自己寫歌、編歌。

這是我第一次在創作音樂的同時，還能交朋友。在此之前，鋼琴對我來說，一直是一個人的避難所。我從來沒參加過樂團，也沒想過要參加。如今鋼琴卻為我串起一段友誼。就像其他的孩子一起玩球、一起釣魚、在森林探險一樣，拉爾斯與我則是一起彈鋼琴。

這樣很好，但也許難免又在我的道路上，增添了另一個障礙。拉爾斯與我並不會明著競爭，音樂界很少會如此，但我難免會將自己的演奏與他的比較，看看我們倆誰的音樂天賦與技巧更勝一籌。我不免覺得，我的能力不如他。

也許我的能力真的不如他，也許我只是沒安全感。人性就是如此，我的感受**正確與否並不重要**。總之，我的自信因我這個想法打擊到，也就無法把音樂當成一生的事業。我的能力連我唯一認識的同行都比不上，怎麼能奢望把音樂當成終身事業？

我終究會擺脫這種困境，終究會理解，這種困境完全是我的錯覺，根本不存在。

但我還要經過幾年，還要經歷許多自我懷疑、幾次失敗的試驗，以及很多幸運的巧合，才能有所突破，擺脫困境。

其中一次幸運的巧合，如果真的是巧合，而不是我媽發揮她的奇思妙想，是我在高中時期的某一天，一台錄音機突然出現在我家。

我先前提過，我曾用縫紉針修好我們家的可攜式電唱機。也許我真正想表達的意思，是我向來對於音樂與科技的結合很有興趣。錄音機將這種融合提升到全新的境界。它在我眼裡不只是機器，而是蘊含無限可能的魔法盒。我自己學會錄一首歌再製作混音，也學會洗掉第一首歌再加以改善。簡單講就是我學的**不只是彈奏音樂**，也是製作錄音。

不要誤會，我做的東西都很簡單。就跟有些孩子是拿化學實驗組玩耍一樣，我玩耍的則是鋼琴與錄音機。不過即使做出來的東西很普通，我還是覺得過程很重要。我要先用點篇幅談談這個，因為我覺得這個道理不僅能應用在音樂志業，也能用於尋找適合自己的工作。

在錄音機出現在我們家之前，我其實並不清楚，原來想當個音樂工作者，還有這麼多種途徑。在此之前，從事音樂工作對我來說就是彈鋼琴、創作音樂。但音樂結合了科技之後，我發現這種定義太死板，太狹隘。從事音樂工作，應該也包括我在演奏、歌曲方面所能**做**的任何事，首先是用錄音機，後來是在錄音室。

換句話說，創作音樂不是一種技巧或愛好，而是一群**複雜**的技巧與愛好。寫歌就是一種愛好。懂得運用電子產品也是一種愛好。將這些愛好**結合**，就會開始折射、倍增，彷彿置身在滿是鏡子的大廳，於是「音樂工作者」這個概念，就有了無限的可能性，其中一種可能正適合我。也許我能找到一種辦法，不只是創作音樂更要創作我的音樂。

這種做法如何應用在其他領域？這個嘛，我覺得很多人，應該說大部分的人，對於往後的道路，一開始都有一種**粗淺**、籠統的想法。我們唯有將這種籠統的想法與我們**特有的**能力、性情結合，才會形成真正的志業。因為我們的獨特之處並不在於某項單獨的特質或能力，而是在於這些特質與能力的結合。

舉個例子，一個人一開始隱約覺得，自己以後想當醫生。但她想當**哪一種**醫生呢？如果她的個性，是屬於「讓我一個人安安靜靜弄我的化學實驗組」，那她從事醫學研究，大概會比治療病人更快樂、更有實績也更自在。同樣的道理，「想當法學家」的念頭籠統得很，但如果是既對法學有興趣，又熱愛新聞學，那也許可以專攻美國憲法第一修正案的相關議題。

當然，現實往往更複雜：**影響我們偏好的並不只有兩項因素**，而是幾十項。有些會比其他更有影響力，有些我們並不知道，有些也許會與其他互相衝突。例如想追求個人快樂，就與想賺大錢的心態互相衝突。

但我想表達的重點是：我們自己各種的偏好、能力、性情無論有多複雜，總會有匯聚的時候，至少最重要的幾項會有匯聚的時候。我們只要有耐心、夠開明，也許也需要一點運氣，終究能找到匯聚點。真正適合我們的志業，就在這個匯聚點等著我們。

◆

我的意思並不是說，我有了鋼琴與錄音機，就突然信心大增、萬般篤定，立刻就找到了匯聚點。不是這樣的，我一直到剛進大學的時候，都還在一片混沌中摸索。

不過我們的大腦運作的方式很奇妙。我們自以為我們的思考過程是線性的、清晰的，其實並不見得。大腦有時會玩花樣，會刻意拐彎抹角。大腦常常比心落後。是**我們的心先知道，再由緩慢的大腦以言語與邏輯，予以解釋、證明**。

我剛進史丹佛大學的時候，攝影仍然是我主要的創作工具。我還是上攝影課。我經常拍攝照片，我還是喜歡當個拿著相機的傢伙，然而同時我卻漸漸感到挫折。我拍攝了幾千張，也許有幾萬張照片，卻並不敢斷言，我的攝影作品是一種「藝術」。我覺得我的照片拍得不差，卻說不出有什麼特別之處。我與我想表達的內容之間，隔著一台名叫相機的機器。我從我拍攝的照片找不到我的特色。

現在回想起來，我覺得當時會這樣，是因為我的心已經不再愛著攝影，而我的大腦還在慢慢跟上。狡猾的大腦就在這裡開始拐彎抹角：我好像必須歷經對攝影的幻想破滅的痛苦階段，才能完全接受自己對音樂的熱愛。感覺像是浪漫喜劇的情節：主角終於發現，自己的真愛並非那個剛認識不久的豔麗女子，而是那個相伴多年的忠實好友。我的忠實好友，就是我的鋼琴。

我當時距離投向真正適合自己的終身志業，可說只有一步之遙，但還沒抵達目標。還有一些難解的問題有待解決。信心就是其中一個。我夠好嗎？我**會有**夠好的那一天嗎？

另一個問題則是錯綜複雜，就是我們家對我的期待。我爸媽總是鼓勵我，要我去找到最喜歡做的事，儘管去做能讓我快樂的事情。他們很誠懇……但（我相信）他們說的是真心話嗎？做父母的天性，不都是希望子女走父母喜歡的路，實現父母的夢想嗎？我選擇音樂這種非主流，前途也不穩定的領域，會不會讓父母失望？我選擇了一個不需要學位的職業，會不會「浪費」了在史丹佛這樣的名校受教育的機會？

也許我會如此內疚，是因為自我懷疑會衍生出許多心魔，而內疚就是其中一種？

總之，我還要歷經一次難忘的經驗，一次驟然領悟才能一掃恐懼與內疚，也才會認定：走上音樂之路不僅是顯然更是必然的選擇。

在我大學二年級的某天晚上，有位朋友邀請我到他的宿舍，聽一位來訪的吉他手演奏。這位吉他手的演奏很精彩，最難得的是做到了簡單純真。沒有炫技，不炸裂，也不咄咄逼人，不會為複雜而堆砌。但聽來會覺得每個音符都不可或缺。每個音符都流露著真情。我心想：這才叫音樂。我也能做到！

我不記得那天是怎麼走出宿舍房間的。我只記得，回過神時我已回到家，發瘋似地寫歌。我寫了兩首歌，又打開錄音機，加錄額外的部分。我不停地寫，加了些東西，減了些東西，做了些實驗，再加以雕琢。我不要花俏的裝飾，也不要隨便寫寫的東西。

那天晚上我沒怎麼睡。隔天早上，朋友過來接我，一起開車到海灘。我帶著我新創作的音樂的錄音帶，我們一邊開車一邊聽。

我們到了海邊，我經歷了此生最奇怪，也是最震撼的事情。我打開車門卻下不了車。我全身動彈不得，一種新的重力——一半是責任，一半是喜悅，把我牢牢按在椅子上。

我知道，在那趟短短的車程，我從那輛土棕色的二手Honda Civic的廉價揚聲器，聽見了我的未來。

第6塊金磚：錢與時間

有趣的是，任何一位經濟學家都會告訴你：

無法被取代的東西，價值高過能被取代的東西。

我們暫時先回頭談談先天**優勢**這個概念。先天優勢絕對是好壞參半的東西，能帶來機會與安逸，卻也會讓許多人的人生變得複雜，甚至衰頹。

首先，我們說的先天優勢，究竟是什麼意思？

先天優勢最常見的定義，當然是金錢與物質方面的優勢。但我覺得應該要有一個較為廣泛的定義，因為先天優勢其實有很多種。

有家人的關愛與支持，就是一種優勢。有師長關心，也是一種優勢。教育也是一種優勢。我所謂的教育，並不只是讀書，而是最廣義的教育。我所謂的教育是在這廣闊的世界裡，與來自不同文化的各種人接觸、交流。這種教育能增廣我們的見聞，激發我們的同理心。

但種種不同的先天優勢，有哪些相同之處？

第一，每一項先天優勢，應該要能增添我們在人生中所握有的選擇。能增加我們的選擇，是先天優勢的必備條件。但你可曾發現，並非每種先天優勢都能增加我們的選擇？

我認為，先天優勢是個好壞參半的東西。從一方面看，有先天優勢在手，人生就有了各種可能性。從另一方面看，先天優勢也會帶來各種壓力，有些壓力是外部的，有些則是來自我們自身，人生的可能性也會因此大減。

父母的期待就是一種壓力。師長以及榜樣對我們的影響，即使是正面的，也是一種壓力。社會的風潮也是一種壓力，很多人會覺得必須追逐今年的熱門職業。最後，我們生活在經濟如此不穩定的時代，很多人會因此選擇最主流的工作、最多人走的道路，尋求（表面上的）安穩。

因為這些原因，具有先天優勢的人，無論是擁有怎樣的先天優勢，有時會認為自己的選擇比大多數人**少**。這種想法很悲哀，甚至可以說是反常，但我也覺得千真萬確。還記得我在史丹佛的那位同學，生涯似乎只有兩種選擇：醫師還是律師！

先天優勢就像望遠鏡。從一端看，可以望向遙遠的、無邊無際的世界，但從另一端看，看見的世界就會縮小成窄窄的一道。既然人生是我們自己創造出來的，要從望遠鏡的哪一頭展望，也該由我們自己決定。

我在這裡提到這一點，是因為正如先天優勢，能讓我們覺得自己擁有的選擇變多或變少，先天優勢與**時間**之間也有一種複雜，有時甚至互相矛盾的關係。

想一想：無論是哪一種先天優勢，**應該**給我們一種不必匆忙的餘裕。家境不虞匱乏，就不必急著拚命賺錢；關心子女的家庭，會願意給予子女充足的時間，找到真心想做的事情；受了教育，面對未知的事物就懂得謙卑，也會有耐心全面了解。

所以，擁有先天優勢，應該就不會倉促做出重大決定，也不會因為急著要進入發展過程的下個階段，而跳過某個階段。先天優勢就像選擇，應該要讓我們擁有**更多**時間，而非更少時間。

但觀察許多握有先天優勢的年輕人的行為，並不會這麼覺得。天底下還有比他們更匆忙的人嗎？他們匆匆完成預備學校的學業，以進入「好的」大學。然後再匆匆讀完大學，以贏得「好的」研究生課程的入學審查人員的青睞。每年暑假，就在實習生生涯的一片忙亂中度過，打造漂亮的履歷，作為日後到銀行、經紀商、法律事務所求職的敲門磚。難怪有些人到了三十、三十五歲，會有所謂的中年危機。因為他們從青春期開始一路忙碌，不曾停下來喘口氣。

我要說清楚，我說這些並不是要批評，而是要同理。我知道，生活中有種種真實且巨大的壓力，迫使許多人只能匆忙生活。常有人寫道，現在這個世代的年輕人，是第一個無論是經濟前景還是職業前景，都不如父母那一輩理想的世代，所以這個世代的年輕人，難免會焦慮、沮喪。誰都不想在火車即將離站時，還在月台上磨蹭。在好處越來越稀少的時候，誰都要把握最後的機會大撈特撈。

不過，我認為我們還是必須思考幾個很基本的問題：若說一種是正面、務實、積極**把握當下**的決心，一種是因為擔心自己落於人後而不是因為快樂或心之所向，過上半是盲目的匆忙生活，這兩種的分別究竟是什麼？在匆匆忙忙的人生中，到了什麼地步，我們放棄的會比能得到的還多？

◆

我先短暫重溫一下過往。

一九六〇、一九七〇年代，就是我小時候，有一種強調「發現自我」的潮流。許多人為了發現自我，紛紛閱讀《流浪者之歌》（*Siddhartha*）以及《在路上》（*On the Road*）。大學休學，背著背包環遊歐洲，或是在尼泊爾徒步旅行。他們利用大學畢業到念研究所的空檔，或是從研究所畢業到開始全職工作之前的空檔，都會給自己時間休息。這樣做的目的，不只是**適應**人生，更要**發現**適合自己的人生。

當然，久而久之，這種發現自我的概念，從一種追求變成一種陳腔濫調，最後淪為很多爛笑話的笑點，把嬰兒潮世代形容成一群只關心自己的人。的確，發現自我的熱潮也許發展過了頭，社會趨勢總是如此，所以才會有鐘擺效應（編按：人類情緒的高低擺盪現象）。

我要表達的就是這一點：我覺得近年來，鐘擺又往另一個方向擺得太遠。在現今的世界，包括電腦與景氣循環在內的一切，似乎都發展得更快，我們似乎將內省當成一種再也負擔不起的悠閒享受。我們唯恐落於人後，不敢給自己時間放慢腳步思考。

但人性並不會僅僅因為經濟的暴起暴落，也不會因為即時簡訊取代了紙本郵件而有所改變。正如某一首老歌的歌詞：「基本的原則永遠不會變」（the fundamental things apply）。

基本的原則之一，就是好的決策需要時間。好的決策是一種過程，而不是一時興起。要做出好的決策就要有自知之明。而要有自知之明，就要……無論你喜歡不喜歡！要經歷一番探索自我，或者要說只關心自己也可以。需要花很多時間坐著不動（其實「禪」這個字，就是源於「坐禪」這種冥想方式，坐禪字面上的意思是「純粹坐著」）。

我完全可以理解，在一個忙碌的年輕人眼裡，坐禪顯然是浪費時間。但我覺得應該換個角度看。暫時停下來，**探索自己的內心**，絕對不會是浪費時間，而**是一種投資**。我覺得，這是報酬最高的投資之一。

◆

我先前提過，我在十九歲那年，得到家裡給的一筆資產。嚴格說來，是我的祖父送給我的資產。祖父賣了一處農場，父親將賣得的錢，用於買進波克夏．海瑟威的股票。這些股票在我拿到的時候，價值大約是九萬美元。家裡的意思是只會給我這些，不會更多了。

所以……該拿這筆錢怎麼辦？這筆錢我想怎麼用都行，全由我自己決定。買一輛名車，搬進海邊的大樓？搭飛機頭等艙，玩遍全世界？幸好我並不喜歡那樣奢華的生活。也幸好我親眼看著我的哥哥姐姐，拿到錢不久之後就燒光大半。我並不想走上同樣的路。

另一種極端的方式，是**什麼也不做**，只要把股票放在戶頭裡，不要管它就行了。我要是這樣做，我的持股的價值，現在會高達七千兩百萬美元。但我沒有這樣做，也從未後悔過。別人聽我這樣說，大概會覺得我說謊，不然就是瘋了。但這絕對是實話，因為我用這筆錢，購買遠比金錢有價值的東西：時間。

說來算是運氣好，或者應該說人生就是如此，總之這筆錢，正好在我終於決心要經營音樂事業時降臨。我希望大家能理解，僅僅是下定決心，對我來說已經是個里程碑。這代表我至少已經暫時能接受我的矛盾心理、我的不安全感、我對於他人的期待的顧慮。但雖說下定決心是成長路上的必經階段，要經營一項職業，僅僅有決心是絕對不夠的。我要學的東西還有很多。

純粹從音樂的角度看，我還在磨練我的鋼琴技巧，第四度開始上鋼琴課，也是截至目前最後一次開始上鋼琴課！在製作方面，錄音技術變化、進步的速度極快，我很難跟上。但無論是我的鋼琴琴藝，還是我在錄音室日漸純熟的技術，本身並不是目的。這些技術看似無關，實則相關，而且全都是手段，最終是要達成一個重要得多，也困難得多的目標：創作我自己的音樂。

我爸跟我以前談過這個。我爸最喜歡的電影之一是《葛倫米勒傳》（*The Glenn Miller Story*）。他最喜歡這部電影的地方，是葛倫·米勒這位不凡的樂團領導者對於找到「聲音」的執著。「聲音」是一種玄妙的特質，讓人一聽見，就能立刻認出葛倫·米勒的歌曲與編曲，那是一種獨一無二的特色。這種獨特性就像許多音樂工作者，甚至可以說所有的音樂工作者一心追求的聖杯。想想巴布·狄倫（Bob Dylan）、艾拉・費茲潔拉（Ella Fitzgerald）就知道了。相信我，這種獨特性著實難尋。（即使是雷・查爾斯〔Ray Charles〕，在成為**傳奇的**雷・查爾斯之前，也是靠模仿納金高〔Nat King Cole〕起家。）

找到「聲音」是個艱鉅的任務，卻還不是大功告成的最後一關。我是個務實的美國中西部人，手頭的積蓄非常有限，我知道我必須想辦法，將創作的慾望化為謀生的工具。但究竟該怎麼做呢？我創作、製作的音樂，要如何找到聽眾、客戶，如何才能賣出呢？殘酷的事實是，當時的我毫無頭緒。但我至少知道，我繼續待在大學，修那些什麼什麼入門，什麼什麼學的課，是不可能找到答案的！

我決定離開史丹佛大學，用家裡給我的這筆錢換取足夠的時間，實驗我能否在音樂界闖出名堂。

我跟父親合作，訂出了預算，用手上的資金盡量撐得久一些。有個擅長理財的家人就有這種好處！我搬到舊金山，過著極為儉樸的日子、住在小公寓、開著破車。唯一的奢侈，就是更新、添購錄音設備。

我彈鋼琴、寫歌，試試各種電音與加錄。我也在《舊金山紀事報》刊登廣告，為我在公寓的錄音室，招攬各種音樂製作工作，來者不拒。

我等待著。

◆

祖父留給我的遺產並不算多，但我很清楚，大多數的年輕人剛開始獨立生活時，從家裡得到的錢比我拿到的還少。這筆錢是一種先天優勢而非我憑藉努力得來的。我承認這一點，也很感恩。我也承認，我若從打從一開始，就必須自力謀生，那就不會有餘力走上我所選擇的道路。我還是會走音樂這條路，我現在已經認定了音樂，但大概會在別人的錄音室上班。誰知道呢？我學到的東西也許一樣多，甚至更多，也許能更快掌握音樂的商業層面，也許能擴展人脈，音樂事業就能發展得更快。我們並不知道，當初若是選擇其他的路，現在會是如何，方才提到的，只是我們不得而知的其中幾項。

總之，我**走上**的路，是我自己選擇的路。再次強調，我很幸運，能有先天優勢，有錢可以買時間，摸索我的音樂之路該如何起頭。但我想表達的重點是：**許多**年輕人也同樣握有先天優勢，無論是金錢或是關懷，或是有獨特的機會或才華，卻**沒有**好好運用充裕的時間，就一頭衝入不見得適合自己，也不見得能實現自身抱負的職業生涯。為何會這樣？

我覺得有兩個原因。第一個原因，是許多人分不清，金錢與時間的價值孰高孰低。

想一想：任何一位經濟學家都會告訴你，無法被取代的東西，價值高於能被取代的東西。而金錢是唯一真正能被取代的東西。金錢是抽象的，每一塊錢都一樣。這話的意思，並不是說賺錢很容易，也不是說缺錢不是大問題。我也不是要淡化經濟不景氣之下的焦慮氣氛。但無論如何，**錢是可以被取代的**。你可以今天有錢，明天失去，後天又有了錢。

除了錢，還有什麼是可以被取代的？一個人，一個經驗是無法被取代的。日落、一次暢快的歡笑，也是無法被取代的。浪費的時間一去不復返。

顯然時間比金錢有價值多了。但很多人的生活方式，卻彷彿認為金錢的價值遠高於時間。好像認為明天，或是明年再認識自我、自我實現，就已經夠快，但錢是今天就得有。彷彿夢想可以等到以後再說，但薪水不可以。

當然在許多情況，薪水確實**不能**等到以後再說，我們必須滿足迫切的基本需求。

但「基本需求」的定義是什麼？

這個問題，直指許多人**沒有好好運用時間優勢**的第二個原因的核心：他們誤以為自己需要很多，但**其實是將需要與想要混為一談**。

我們探討真正的基本需求，就會發現人們需要的東西出奇地少。梭羅（Thoreau）在《湖濱散記》列出許多人堆積，把生活弄得一團亂的各項家具、衣物，以及小擺設。他最後的結論，是每個人真正需要的只有兩項：食物與溫暖。但即使已經縮減到兩項，在他看來還是太奢侈。他認為，食物只是維持「體內溫暖」的工具。所以人類的需求終究只有一種：維持體溫！

我沒認識幾個願意像梭羅一樣過著極簡生活的人。我也不是鼓吹大家照著他的話做。但我覺得這裡的重點很明顯。我們絕對需要、完全不可或缺的東西其實很少。我們**以為**自己需要的東西越多生活就越複雜。

這些想像出來的需求，驅使著我們去追求。追求的慾望影響了我們運用時間的方式，我們也因此變得不自由。我們以為自己需要的東西越多，就越不自由。在另一方面，我們以為自己需要的東西越少，就越能控制自己的時間，也就越自由。

問題是，很多人並不擅長思考自己**不需要**什麼。很多人似乎不願意儉樸度日，認為那是別無選擇的苦行。

但在我看來，儉樸的生活並不是苦行，而是一種有益的挑戰，尤其在我們剛成年並踏上崎嶇道路，要鍛鍊主宰自己人生的本事的時候。財務拮据，甚至一貧如洗，其實是人生某階段該有的風景。這樣的生活，是智慧與幽默感的考驗，也引導我們將關注的焦點，放在該放的地方，也就是人與經驗，而不是一味重視「物質」。這絕對不是一件壞事！

顯然並不是每個年輕人，都認同我這種觀點。我覺得難題之一是很多年輕人根本不知道該**如何**儉樸度日，如何過減法的生活。這是他們從未學過的生活技能，不得不說，這些年輕人的父母，以及整個社會都有過錯。

這就談到一個棘手的主題。我並不想說消極或批評的話，但我期許這本書裡只有真話。許多年輕人都被寵壞。許多父母疼愛子女，卻沒能協助子女釐清人生該有的優先次序，甚至還給予子女不切實際的期待。這是背上插著金匕首出生的子女，會面臨的問題，也會嚴重影響他們的價值觀，經營自己人生的態度，以及使用時間的方式。

如果一個男孩從小到大，每逢聖誕節與生日都會收到奢華的禮物，那他當然會將禮物，與愛、安全感聯想在一起（甚至把禮物當成愛與安全感的象徵）。等到他長成年輕的成年人，他大概還是會繼續追求奢侈的商品，尋求慰藉與安全感，若是再也負擔不起，就會覺得匱乏，甚至感覺自己被貶低。女孩從小就生活在寬敞、明亮，有傭人打掃的臥室，也許就無法體會，與阮囊羞澀的室友一同住在狹小公寓，其實才是適合自己，有益自己的生活。

這兩個例子的主角，都是分不清**需要**與**想要**。之所以分不清，父母的溺愛至少是原因之一。被父母寵壞的子女，對人生容易有不切實際的期待，也不知道**在不同的人生階段，該打造怎樣的生活**。

說個大家都應當懂得的道理，一個學生或是剛出社會的年輕人奢華度日，是不合理，不「正常」的。在人生的這個階段，我們應該積極開創屬於自己的人生，要開始闖蕩，憑藉努力獲取報酬。如果我們希望獨立生活之後能有自尊，那就不該以為可以不費吹灰之力，就繼續過著原生家庭的富裕生活，否則就是不切實際或自欺欺人。

在正常情況，報酬是**一點一滴逐漸累積**的。這是人生的一種樂趣與懸念。我們覺得自己逐漸進步，能力越來越強，懂的越來越多。進步的同時也得到報酬，無論是金錢、升職，或是創作有所突破。無論是怎樣的成功，都是一點一滴逐漸累積的。

在我看來，這個過程應該要細細品味，若是匆匆走過，那失去的就會比得到的還多。但話又說回來，終究還是要看我們重視的是什麼，是時間還是金錢。我們認為人生剛起步就該富裕，所以選擇有簽約獎金，起薪又高的工作？還是應該儉樸生活，以探索各種選項，找到真心喜歡的工作？（還是完全放棄獨立生活，搬回老家，享受冰箱永遠都是滿的，房間有人打掃的日子？）

我們應該選擇最快通往錦衣玉食的道路，還是應該先暫時樸實生活，給自己時間漸漸進步？

我從來沒聽說過，有人因為暫時儉樸度日而遭殃。

◆

這是時間的另一項好處：運氣需要時間才能降臨。

無論是好運還是厄運，都會影響每個人的人生。但不少人以為，好運是自身言行的福報，厄運則是外力惡意侵擾。儘管如此，**運氣通常需要時間找到我們**。我們若能努力做好準備，等到運氣降臨，我們就更能察覺，也更能掌握。路易·巴斯德（Louis Pasteur）談到他看似偶然的科學研究成果，曾說：「運氣會眷顧做好準備的人。」

就我自己的例子，一九八一年的某一天，改變人生的好運降臨在我身上。當時我站在舊金山的路邊，清洗我那輛破舊的車子。

在那時，我已經獨立生活兩年左右。我謹慎花用祖父留給我的遺產，撐過一段艱難的日子，音樂事業才漸漸有了收入。只是收入還很微薄，時有時無，完全不穩定，並不足以維持生計。不過至少我心底深處覺得，以我當時的工作量以及收入，應該配得上**職業音樂工作者**的榮銜，至少也稱得上是**苦苦掙扎**的音樂工作者！

我能一直有工作可以做，原因之一是任何工作我都願意接，哪怕沒有酬勞也願意接。我接連寫歌，以鍛鍊寫歌的技巧。我也為短片寫配樂，以研究寫出匹配影片的音樂，以及用聲音推動故事的訣竅。我覺得，這些都是很有意思的挑戰，更是一個新手作曲者謀生必備的技能。

我認為音樂與科技的結合會越來越緊密，因此只要負擔得起，就會花錢更新錄音設備。我也隨時吸收最新的錄音及錄影技術。我把每一件工作都當成大學時期的作業，當成值得好好把握的學習機會，如果還有酬勞可拿，那就更好了。

回頭看看一九八一年，那個幸運的日子。

那天我想暫時離開鍵盤，於是拿了水桶、幾塊海綿，到外面清洗我那輛破舊的Volkswagen Rabbit。那天的天氣晴朗溫暖，舊金山難得有如此宜人的天氣。不少人出門散步，整理庭園，或是純粹坐在門前的階梯上。一位與我只是點頭之交的鄰居正好路過。他站著看我將車子打上肥皂沖洗，我感覺我有點像粉刷圍籬的《湯姆歷險記》的湯姆。

我們聊了幾句。他問起我的職業。我說我是個苦苦掙扎的作曲人。他建議我與他的女婿聯絡。他的女婿是一位動畫師，一直都需要音樂。

我依照他的建議，與他的女婿，以及女婿的同事會面。他們確實有工作給我做，只是坦白說，這份差事真的不怎麼樣。他們接到一個案子，要製作一檔十秒鐘的「插播式廣告」，在即將成立的有線頻道播出。所謂插播式廣告，就是要秀出公司商標，為品牌宣傳的短廣告。

十秒鐘？十秒鐘連一句動聽的廣告詞都講不完，能做什麼音樂？

有線電視？現在說來大家可能覺得奇怪，但在一九八一年，有線電視還是個邊緣媒體，還不是很普及，而且前途未卜。

何況還是個即將成立的新頻道？天知道會不會有正式開播的那一天？

當然我還是接下這份工作。結果有線頻道不但順利開台，還一飛沖天。就是大家熟悉的MTV台！後來成為最潮的電視台，是最能代表一九八〇年代的文化現象之一。

一夕之間，**許多**電視台都希望自己看起來，**聽起來**像MTV台。廣告客戶希望自家產品的廣告，無論是畫面還是配樂，都要具有MTV台的質感。就連電影也受到MTV台影響，也追求那種動感電音的現代感。總之就是從此以後，我再也不需要接沒有酬勞的工作了！

這個故事告訴我們什麼？這個嘛，可以說自己洗車是值得的。我要不是生活如此儉樸，也許就會前往職業洗車店洗車，就不會遇到我的鄰居了！

但說真的，我覺得更重要的道理，仍然是我們如何運用時間。

我要是急著想成功，彷彿著急就能成功！那我就**無法**做好準備，機會來了只怕也掌握不了，甚至根本沒發覺。我要不是花了一堆時間，即使沒有收入，也照樣擺弄我的錄音設備，就不會做出具有我的特色的音樂，也不會發展出我自己的創作方式。這需要耐心，而要有耐心，就必須先有信心，要相信好事終究會發生，只是會依循自己的正常節奏。若是以為自己能讓進程加快，那就太自大，也太愚蠢了。我能做的只有**做好準備**。

究竟要準備迎接什麼？未來的事我也料不準。這就談到要善用時間，必須具備的另一種態度：謙卑。我必須承認，我的所知與經驗有限，無法預知以後會發生的事。我連我**希望**以後會怎樣，都無法準確預料。

所以，我們連自己想要怎樣的未來都不確定，那又何必只顧著在人生道路上全速衝刺呢？

第7塊金磚：

要尋找，也要創造

創造的過程是一種打磨，

讓你的刀鋒火花四射，展露出全新的自我。

找到真正適合自己的志業，等於是在創造自己想要的人生的過程中踏出一大步。但這只是第一步而已。

花錢買時間，探索你喜歡的志業的影響與挑戰，也很重要。但也只是第二步而已。

仍待解決的重要問題是：我們找到了自己喜歡的志業，接下來該怎麼**做**？

我的性格說到底，還是不脫美國中西部人本色，也還是太像我父親，所以看待這個問題的角度很務實。我們若希望能靠志業謀生，而不是當成愛好，或是未來某一天會實現的，不甚明確的夢想，那就要面對一個簡單又殘酷的事實：要想辦法從志業賺到錢。

這就談到社會潮流的鐘擺，在擺動的過程中一再經過的微妙關頭。我的意思是，我們如何看待我們**想做**的，與**必須做**的之間的相互作用。更精確的說法是，我們重視的東西，以及外面的世界重視，願意花錢向我們購買的東西之間的複雜關係。

在一九六〇、一九七〇年代，許多年輕人很恐懼「為錢出賣自己」這件事。只要與市場有所牽扯，都有嫌疑。到大公司、大企業上班，更是**超有**嫌疑。這種觀點似乎認為，做一份「正規」的工作、達成老闆的要求，或是討客戶的歡心，就一定是出賣自己的靈魂。不只出賣自己的靈魂，也是辜負了我們整個世代的理想與獨特性。

事後看來，顯然一九六〇年代極端的個人主義，以及堅持個人主義的激情，是反抗一九五〇年代，同樣極端的順從風氣。一九五〇年代，是「組織人」（Organization Man），以及身穿灰色法蘭絨西裝，沒有靈魂的通勤上班族的時代。誰想活成**那個樣子**？

當然，問題在於這種對於出賣自己的恐懼，已經超出合理的範圍，也忽略了某些很基本的經濟現實。即使在經濟較為景氣的時候，做紮染衣服，販賣祭拜用的香，或是演奏鈴鼓，收入還是很有限！

近年來，在經濟前景更不穩定的壓力下，鐘擺再次擺盪。現在，無論是經驗豐富的專業人士，還是剛進入職場的人，許多人似乎毫不在意出賣自己。他們的問題，反而是太輕易向**接受**的壓力屈服。他們不但不懷疑市場，反而太急著擁抱市場，不加思索就全盤接受市場的價值觀。

但他們自己的價值觀呢？他們自己的愛好呢？他們對於美好人生的定義呢？

我覺得，前景黯淡時，很多人會將自己的夢想與愛好，當成負擔不起的奢侈。認為當務之急是找到工作，穩穩做下去。這種心態完全合理，但久而久之，只會讓人不快樂、不自信。

我要強調，我並不是鼓吹回歸「休學」以及嬉皮時代。我承認賺錢謀生是有必要的，甚至認為是一件好事。賺錢謀生，是會決定我們的人格的人生挑戰之一。

然而我要強調的，是**平衡**的概念。想忠於自己，做自己喜歡做的志業，同時還能付得起房租，吃得起飯，那就要找到我們的能力與志趣，與商業世界最契合的地方。我們必須知道，自己真心喜歡做的究竟是什麼……也要知道這個世界夠重視，願意花錢買的又是什麼。

幾年前，我碰巧看見作家伯納德・瑪拉末（Bernard Malamud）說過的一句話，從此銘記於心。瑪拉末是那種極有才華的幸運兒，而且似乎是個人生大贏家。他的作品廣受好評。他寫的故事在《君子》（*Esquire*）、《紐約客》等知名雜誌刊登。他靠寫作賺進不少錢，與許多「文學」作家不同。他的幾部小說登上暢銷榜，其中至少兩部，也就是《自然》（*The Natural*）與《修理工》（*The Fixer*）也改編成院線大片。

瑪拉末在他的其中一本短篇故事集的前言表示：「天底下沒有一位好作家，能完全隨心所欲，愛寫什麼就寫什麼。」

這句話很簡單，也沒什麼特別，我很快看過去，沒怎麼放在心上。後來我仔細想想，才發覺這句話真是擲地有聲。

天底下沒有一位好作家，能完全隨心所欲，愛寫什麼就寫什麼。

接下來請耐心聽我分析這句話，因為我認為，這句話蘊含的道理很重要。我覺得，瑪拉末想表達的，是很多人誤以為職業作家，無論有多少天賦、多少經驗，只需要坐在鍵盤前，文思就會自行泉湧。不，不是這樣的，作家還需要沉思。作家也需要有寫作的熱情，也要以務實的角度，為潛在讀者著想。他們完成的作品，是熱情與務實思考的成果。

請注意，我並沒有說這是妥協，因為這不是妥協。

這不是妥協，而是運用幾種不同的技能，每一種都是瑪拉末的才華不可或缺的一部分。除了我們認為的純屬「創意」的層面，還需要洞悉市場，也需要有紀律與技巧，將自己的想法表達給讀者。瑪拉末運用這些能力，找出創作與商業最完美的結合，而且最棒的是，他做到了這些，**同時還能保有自己的特色，並不是模仿他人**。

這套做法不是只適用於創作者，我認為，瑪拉末的這句話，能啟發所有以熱愛的志業為生的人。

這個道理簡單來說是這樣的。我們只要是為酬勞而做事，無論是寫一則故事還是挖水溝，都需要迎合付錢的人，但**成果仍舊屬於我們自己**。

矛盾之處在於做出來的成品，無論是什麼，既屬於我們，也屬於買方。我們在成品留下了自己的印記，賦予自己的特色。成品是**我們的作為**的一部分，因此也成為**我們的身分**的一部分。

我們必須接受這個矛盾，就是既賣出，也保有自己的作品，才能成為專業人士。

這也是我們從找到喜歡做的事，無縫接軌到**做**喜歡做的事的必經階段。

◆

我進入職業作曲界的門票，是為電視廣告創作配樂。在廣告這個領域，創造力與商業當然是密不可分。廣告界的先驅Benton and Bowles公司的格言，就是「除非能賣，否則就不叫創意」。某些純粹派聽了這話可能想撞牆，但喂，歡迎光臨真實世界。

我創作廣告配樂，也學到許多實用的道理，其中大多數也讓我懂得謙卑。最基本的道理也許是：我必須承認，也必須接受我從事服務業的事實。我的音樂本身並不是最終成品，而是一個較大的構想的一部分。而這個較大的構想，並不是要創造一件藝術品，而是要製作能販賣產品的工具。

別誤會，我這麼說並沒有貶低的意思。創作廣告配樂，就像人生的任何一件事情，可以做得好，也可以做得不好。做得好就會有名望、有地位。然而現實情況是，我的目的終究是服務客戶。要成為專業人士，將喜歡做的志業當成謀生工具，就必須接受這一點，要真正理解這一點。

依照這個最基本的道理推論，我也必須接受另一個事實，那就是我的音樂，我傾注心靈製作的音樂，很少會是商業產品最重要的部分。產品是最重要的部分。其次是影像，電視畢竟主要還是視覺媒體。也許再其次是全新的概念，或朗朗上口的口號。**然後才是**音樂。在最理想的情況，音樂是一種重要的輔助，定出基調，展現態度。而在最糟糕的狀況，則只是一種填補，一種後添的東西。

但我領悟了一個道理，而且我覺得適用於各行各業的工作人員：音樂無論有多重要，或是多不重要。我都要當成**最重要的環節處理**。

我這樣做有兩個理由。第一個理由是自重。我們已經知道，你做有償的工作，就要面臨一種矛盾：你做出來的**成品已經賣給別人，卻依然是你的身分的一部分**。我若不認真做，若認為自己的作品不怎麼重要，那就不只是欺騙客戶，也有損自己的名聲。我若抱持這種心態，做出來的東西，就不會是我的最佳作品。就算除了我自己沒人發現，作品的不足之處也會貶損我的自尊。潦草完成的工作，會成為揮之不去的恥辱印記。

把自己的工作**當成**最重要的環節的第二項原因，則是較為務實：這是提升專業能力最好的辦法，也許是唯一的辦法。人生如學校，每份工作都是學習機會。我們在世間遇到的每一項挑戰，都是鍛鍊技能，增長見識的機會。

我覺得佛教有個意象跟這種關連很類似：磨刀。刀就是我們每一個人。**外部世界的種種要求與期待**，**就是磨刀石**，也是砂輪。我們想維持競爭優勢，唯一的辦法就是接受磨刀石的摩擦。這需要相當的勇氣，因為磨刀石非常巨大，而且不會停止打磨。還需要相當的謙卑，要理解我們少少的本事發揮殆盡很久之後，砂輪還會繼續轉動。要想從磨刀得到最大的效益，收穫最鋒利的優勢，需要一些被動，以及一些主動。我們必須願意接受砂輪的磨練，但也要堅定立場，刻意站在適當的角度，保持適當的堅定程度。等到砂輪轉動，創造力、熱情，以及全心投入的火花四射，我們就會成為全新、更好的人。

◆

但我也必須承認，在我們日常工作的真實職場，**四射的火花並非來自砂輪，而是來自我們與其他人的互動**。這是因為從事有償工作，自然就是一種人際關係，應該說是種種複雜的關係才對。我們與老闆、同事、客戶的各種關係，會深深影響我們職業生涯的成就，以及我們在自我與職業有時互相衝突的要求之間，達到平衡的能力。

有個例子可以解釋這種關連的某些層面。

我對自己極為嚴苛。對於自己的成績，很少會覺得完全滿意，甚至可以說從來沒滿意過。但在創作廣告配樂的初期，我也會寫出自己覺得超棒的歌曲或聲音。我帶著滿腔的自信去見客戶，覺得作品一定會贏得客戶激賞。

但有時候，客戶並不喜歡我的作品。甚至有時候還**嫌棄得很！**有時候客戶不喜歡的部分，正是我頗為得意的部分。

呃……遇到這種情況該怎麼辦（除了咬緊牙關，發發牢騷之外）？大概每個人都有反駁的衝動，畢竟這是人性。我知道我的東西沒問題！是這傢伙沒眼光，存心找碴！

會有這種反應很正常，但對自己有什麼好處？短期來看，大概會害自己被開除。長期的後果更嚴重：會失去學習的機會。

說不定客戶**並不是**存心找碴的混蛋。說不定他懂得一些你還不懂的業內訣竅。說不定他思考的角度比你寬廣。說不定你敞開心胸，聽聽他的意見，而不是急著捍衛受傷的自尊。也許這樣做，你的專業能力也會有所提升。

再次強調，在這種情況，需要達到一種平衡。這種平衡是我們快樂、自尊的根源。我們要顧及自己的自尊，也要兼顧工作夥伴的合理要求。我們的人生是自己創造的，作品也是自己創造的，但真實的表現往往取決於外界的評價。我們若是不敞開心胸，坦然接受外界的批評指教，又怎能得知自己的表現究竟如何，究竟有無價值？究竟成就了什麼？

所以，舉個例子，我必須讓自己明白，我對自己創作的歌曲或音樂構想懷抱熱情，並不是我做這件事的全部意義。我的作品也需要其他人肯定。其他人若是不肯定，我就必須修改，或是扔進抽屜，重頭來過。

重點是，我發現我只要樂於接受他人的意見，不被受挫、受傷的情緒壓垮，改進後的作品幾乎都比我原先的作品更理想。

我也發現，我真該好好感謝許多客戶、同僚，指點我完成最後的音樂成品，有時過程雖說有些顛簸，但幸好有他們引導。我重視合作關係，傾聽他們的意見，自己也變得更好。

◆

創作音樂是一個人的作業。作曲者靈感湧現，想出一首曲子、一種節奏，一個模式，化為可以用鍵盤樂器演奏，能寫在樂譜上的音符。然後才能發表。

作曲是一個人的作業，但要以作曲**為生**，就少不了與他人合作。這又是一個矛盾，又是一個自我與外界有所摩擦時，可能引發衝突、挫折的因素。我的音樂作品，在什麼時候會不再是**我的**，變成**他們**的？放手往往是痛苦的，我該如何面對？佛洛伊德認為，不想放手的心態，是一種幼兒的肛門滯留人格。也許是這樣，也許不是。但很掙扎是真的。掙扎的地方在於，我完成了創作，並不喜歡別人亂搞。但我**賣出了**作品，別人就完全有資格介入。

該如何解決這種衝突？

我在職業生涯初期，難免會遇到那種尷尬場面，就是我坐在鍵盤前，客戶站在我身邊，名符其實下指導棋，要我「幫這個想點東西」、「寫個拉丁風格的東西」，或是「這一段歡快一點好不好？」

我被一堆意見轟炸，背負客戶的期待，只能極力隱藏心中的焦慮。但我嘴巴很乾，腦袋一片空白。我低頭看著熟悉的鍵盤，一時之間覺得很陌生。我通常還是會完成合格的作品，這畢竟是我的工作，但過程簡直是酷刑。

久而久之，感覺比較輕鬆。為什麼？因為我調整了態度，這種調整雖說簡單，卻至關重要，而且也並不是我刻意為之，是隨著經驗的累積逐步調整。在職業生涯的早期，每次有人要我即興作曲，我都覺得這是一種二元對立。**客戶**提出要求，**我**則必須完成。**我**應客戶的要求創作，而**客戶**則是等著評判。

不過隨著經驗累積，我越來越有信心，也發現先前的想法既無益，也不正確。眼前的工作，並不是**我**與**客戶**的問題。重點是我們要一**起**完成工作。我們並不是敵人，而是隊友。我必須尊重客戶在製作過程的意見。但要做到尊重，我自己也必須放輕鬆，要克服不安全感。

我應該要知道，即使不把作品當成個人獨有的，而是接受協作，作品也仍舊屬於我，甚至可以說更屬於我。

我之所以強調這個過程，以及這種轉變，是因為我相信，**所有的**工作首先都是獨力作業。即使是最合作無間的團隊作業，也是團隊成員先各自竭盡全力，再與同僚合作，達成共同目標。

你可曾在電影結束後，看完所有演職人員的名單？電影能完成，最後上映，是**數百人**努力的成果。很難想像有哪種工作，會比電影更需要眾人協作。不過，團隊中每個人**進行各自的工作**時，還是獨自作業。每個人都要貢獻自己的一部分，而最終的成品，也反映每個人的專業能力與自豪。

在拍片現場是如此，在學校、診所、基金會也是如此，是一群人**既要獨力作業**，**也要一同合作**，達成共同熱愛、渴望的目標。一個團隊合作，能成就的成果，會比任何一個人能做出的更盛大。但團隊的每個成員，都必須貢獻自己的獨特特質與才華，團隊合作才能成事。

每個人都付出一些，付出的也仍然屬於自己。

我覺得領悟這個道理，是我們從**找到**自己喜歡做的事，進階到**做**自己喜歡做的事的關鍵。

尋找自己喜歡做的事，其實就是踏上了解自己之旅。我們擅長什麼？我們真正喜歡的是什麼？從事什麼職業，才會覺得最能展現真實的自我，最能擁有該有的人生？

做自己喜歡做的事，則是另一種旅程，一種必須**踏出**自我的旅程。我們發掘了自身的才華與性情，要如何在外部的世界發揮？世界**需要**我們做什麼？我們眼中自己的特長，與世界需要我們貢獻的能耐，有哪些重要的交集？

找到這種交集，是人生最大的挑戰之一。如果我們夠幸運，能找到，甚至更幸運到能藉此謀生，那就很有可能擁有成功的職業生涯。

第8塊金磚：

發現的大門

錯誤之後的反思與成長，

或許才是人生一次次冒險最珍貴的寶藏。

「有才能的人是不會犯錯的。就算會犯錯，也是自願的，錯誤對他們來說，是通往發現的門戶。」

作家詹姆斯・喬伊斯（James Joyce）談到莎士比亞時，寫了這段話。也許有才華的人真是如此，誰知道呢？但我們這些普通人**常常**犯錯，而且也不是有意的。我們犯錯，是因為我們是凡人。

我們犯錯，是因為知道得太少。我們犯錯，是因為誤以為自己知道得很多。

我們忽略了某一刻，就會犯錯。眼裡**只有**某一刻，也會犯錯。

我們太沒耐心，就會犯錯。我們猶豫不決，也會犯錯。天下有愚蠢的作為，也有愚蠢的不作為。

我們會因為大膽而犯錯，也會因為膽怯而犯錯。野心過大或是過小，都有可能是一種錯誤。

我們的作為若是偏離我們的價值觀，就是一種錯誤。

正如犯錯的原因有很多種，錯誤的型態與規模也有很多種。有些是微小的過失，會讓我們一時覺得尷尬。有些則是嚴重的錯誤，能讓我們懊悔數年，甚至數十年。但錯誤無論是小是大，原因為何，都有一項共同點：都是學習的機會。

錯誤是通往發現的門，對於有才能的人是如此，對於我們這些凡人也一樣。

我們在人生會遇到無數問題，即使答錯一題，至少也離正確答案更近了一步，最起碼是離對我們來說正確的答案更近了一步。我們若是因為粗心大意，或是沒有原則而犯錯，那感到不安也是件好事，能提醒自己往後要堅守標準，保持警惕。我們犯錯，面對犯錯的後果，就有機會了解**問題出在哪裡**，又為何發生。

簡單講，我們搞砸才能成長。

我會強調這一點，是因為我發現，在不樂觀或是不確定的時候，許多人更是超級害怕犯錯，彷彿錯誤是一種再也無法洗刷的恥辱，是人生紀錄上揮之不去的「污點」。

但其實不是這樣的。很少錯誤是永久的。**大多數的錯誤都能解決，而且沒有一般**

人想像的那樣難，過程也沒那麼刺激。犯錯也沒什麼好羞愧的。但**害怕**犯錯，不僅是一種悲哀，也是一種侷限。

我們要是一心只害怕跌倒，就只會走在最寬敞，最多人走的道路上。我們若是不肯寬恕犯錯的自己，往後就不願意冒險。若是不冒險，就永遠不會找到最喜歡做的事，也不會發現最真實的自己。我們若是害怕被內心的聲音誤導，就只能跟著別人走。

而且你知道嗎？就算一直打安全牌，也還是會犯錯！誰都會犯錯。犯錯是難免的，是人生的一部分。

如果說人生是我們創造出來的，我們也希望擁有精彩、真實的人生，那就要接受一路上難免會犯錯的事實。我們不可能消滅錯誤，所以還不如接受錯誤。在犯錯的時候接受自己的過失，原諒犯錯的自己，最重要的是，從中學到教訓。

不要白白浪費從錯誤學習的好機會！

◆

我要說一個關於兩兄弟的故事。

這對兄弟在加州成長，家境雖說不算富裕，也還算小康。父親是工程師，在與美國國家航空暨太空總署（NASA）合作的承包公司工作。母親原本是老師，在兄弟倆小時候停職，後來成為專精以英語為第二語言的家教。

但工程似乎才是理想職業的典範。兄弟倆的父親，在同一家公司工作了幾十年，既穩定又安全，還有有薪假期與福利。他認真工作，不過最重要的是，他不必承受許多職業的從業人員會有的壓力與不確定性。而且工程師這份工作，似乎帶給他無窮的樂趣。他說起極致典雅的飛機機翼，還有火箭發動機驚人的驅動力，那種神情就個孩子般興致勃勃。

兩個兒子似乎遺傳了父親的某些傾向，但沒有照單全收。兄弟倆都很聰明，尤其擅長數學與科學。以學業表現來看，他們似乎很適合繼承父親的衣缽，成為工程師。

但還少了一樣東西，那就是熱情。他們的父親覺得，工程這一行既有意思，也很有成就感。但對於兩個兒子來說，工程師像是預設職業，是家裡指望他們選擇的職業。這似乎是最安全的選擇，是一條最不會出錯的路。

兄弟倆的其中一位名叫傑夫，就走上這條更多人選擇的道路，成為電機工程師。這是一九九〇年代的事情，電機工程在當時，是一張很好的門票。傑夫到軟體公司工作，收入不錯。他對這份工作不怎麼喜歡、也不討厭，對他而言就是一份工作而已。這樣也不錯。

兄弟倆的另一位叫做丹尼，不願接受家人期待他選的路。他也不太知道自己想做什麼。家人為此非常焦慮，他也遇到不少困難。他一再變換道路，不斷改變主意，也**犯了錯**。他拿到工程學位，卻不想從事相關工作。他想過當廚師，但又覺得他感興趣的是餐廳的內部運作。而不是餐點。他有個用不著的學位，還有些用不上的經歷。真是太棒了，錯誤一個接一個！

千禧年駕到，網路公司紛紛倒閉。兄弟倆較為穩定的傑夫因此失業。但這並不能怪他，他就跟很多人一樣，陷入誰也沒能預料到，更無力對抗的經濟衰退。儘管如此，拿到解僱通知的傑夫，不得不重新思考先前做過的許多選擇。

他談到他重新思考的過程，說道：「很難受，但也很有趣。我的第一個念頭是，會被開除都是我的錯。會這樣想也很正常吧？今天還在上班，明天就失業了。我以為失業是我的過錯，後來才知道完全不是。被開除並不是過錯，只是一個**思考過錯的機會**。我真正犯的錯，是一開始選擇了這份工作。」

「我為什麼選擇這份工作？我根本沒那麼喜歡這一行。會做這份工作，是因為覺得很穩定。我就不必煩惱，也不必花那麼多心思，去考慮其他選擇。我犯的錯誤，就是以為我能不犯錯！」

要承認這一點，是很苦澀的。但先前說過，錯誤只是暫時的挫折，並不是永遠解決不了的災難。是修正路線，而不是失敗。經濟衰退，無論是網路公司倒閉，還是近年來的金融危機，若說有什麼好處，就是很多人在蕭條的時候，不得不重新思考自己的人生，往後的人生也會因此更快樂。

失業後的傑夫有充裕的時間，好好思考先前的工作有哪些是他喜歡的，又有哪些是他不喜歡的。他喜歡工程科學，也真心期待未來可能出現的新科技。他不喜歡坐在辦公隔間裡，跟機器打交道。他比較喜歡跟人打交道。

他從先前的錯誤得到領悟，轉換到新的跑道。他申請進入法學院就讀，後來成為專利律師。他發揮他的科學專業，與其他人密切合作，努力創新。這份工作對他來說，是最佳組合。但他之所以能找到適合自己的工作，是經過一番坦誠的分析，徹底了解自己先前錯在哪裡。

那另一位兄弟呢？從工程學院跌跌撞撞轉入餐飲業，後來又離開的那一位呢？他也從先前的失敗經驗，找到最適合他的組合。

工程學的課程沒法讓他發揮他創意、獨立的一面。他一頭鑽進餐飲業，卻發現自己的性格不適合當廚師。但他在餐廳廚房工作，卻發覺自己的思考方式像個工程師。他覺得每一間廚房，都像個工廠，每一件器具與工具，都像生產過程中的齒輪。如何將工廠的效率提到最高？如何節省時間與能源？如何提升安全，廚房的員工又該如何避免燙傷手指、背部痠痛？

丹尼發現，他雖然一開始踏入不適合自己的職業，又周遊多行多業，卻也收穫了幾種很稀有，又很實用的技能。他會畫示意圖。他懂得熱與原料的科學原理。他親身體驗過商用平底深鍋有多沉重，也知道廚房生產線的間隔有多重要。

他成為專門設計商用廚房的工業設計師。他雖說一路跌跌撞撞，最後還是找到最適合自己的工作。好吧，既然要講錯誤，那也該說說我自己的幾個錯誤才公平。

◆

我要先說一個超經典的錯誤，所謂經典，意思是說在我之前，很多人也犯過這個錯誤。我聽說過許多人犯這種錯誤。我**親眼看過**其他人犯這種錯誤。（說到這個，這種錯誤的各種版本，在全球各地不斷發生，還差點毀滅全世界的金融體系！）但在實際的人生，我見識過什麼，知道些什麼都沒差。反正還是犯了同樣的錯誤。

這就談到我們許多錯誤的根本原因。我們可能會以為，自己知道錯誤發生的原因，也知道該避開哪些陷阱。但其實我們要等到自己犯了這種錯誤，才會**真正**理解。班傑明．富蘭克林曾說過一句名言：「經驗是一間好學校，但蠢人就只能在此學習。」若真是如此，我算老幾，憑什麼跟富蘭克林唱反調呢？那**天下人**都是蠢人。所以即使是最明智，最善意的建議，也就只是建議而已，並不是照做就會萬無一失，百毒不侵。

話雖如此，我現在要談的錯誤，是我的經典「大房子」錯誤。

說到這個，就要說起一九八〇年代末。我一直經營創作廣告配樂的事業，總算擁有不錯的收入。我結了婚，不僅擁有妻子，還有一對美麗的雙胞胎女兒。所以當時的我是這樣的：小有成績的作曲者，同時身兼丈夫、父親。感覺該是買房子的時候了。當時我有機會買下位於舊金山，我們正在住的房子，我也就買了。

到目前為止，一切都很好。我買下房子，負擔並不會太沉重。房子的大小，也正好符合我們家的需求。

我走的下一步，才是害慘我自己的一步。

我想擴展我在音樂方面的眼界，於是與位於密爾瓦基的Narada唱片公司簽約。與這家公司合作，我就能行銷，也能發行我自己的CD。我也會有更多的製作工作可做，因為公司會推薦旗下藝人到我的錄音室錄音。最後一項好處，是公司給了我「執行製作人」這個雖說含糊籠統，卻也很漂亮的頭銜。我是道地的美國中西部人，又遇上這個機會，於是我放膽冒險，要舉家搬遷至密爾瓦基。

不過，首要任務是賣掉舊金山的房子。我運氣不錯，至少我當時覺得運氣不錯。舊金山灣區的房價，正處於週期的上漲階段。所以我很快賣出，過程很順利，也獲利不少。

這可以說是好事，也可以說是陷阱。從此我接連犯下小錯誤，到最後合併成一個大錯誤。

錯誤一號：我第一次買賣房子就如此順利，於是我心想，哇，很簡單嘛！

錯誤二號：很多人其實是運氣好，卻以為是自己天縱英明才遇到好事。人性就是這樣。所以虛榮心作祟的我，就想著，嘿，說不定我買賣房地產還有點天賦……

我在密爾瓦基買賣房地產，延續了先前的錯誤。比起舊金山灣區，密爾瓦基市區的房價便宜到不行。我心想，何不趁現在大舉買進，等到威斯康辛州的房價像舊金山那樣大漲，我再賣出？

事後回想，我簡直是掀起一個人的房地產泡沫！我以為房價只會上漲。我以為積極投機房地產，其實應該說冒進才對，是穩贏不輸的。

於是我買了一間很大的房子，就在密西根湖畔。大概有我們在舊金山的家的五倍大。室內空間夠大，能容納一間很棒的錄音間，還有多餘的房間，能接待來訪的藝人。價格遠遠超出我能負擔的範圍，應該說我**真正**能負擔的範圍。房子的維護費用很昂貴，而且沒完沒了。但是管他的。房子一定會增值，我的職業生涯顯然也會蒸蒸日上……對吧？

這個想法看似理性，其實也是處處破綻。

我怎麼就沒想到，搬到新家以後，我的事業會歷經一兩次小小的亂流？創作廣告配樂仍然是我的生計，我先前也說過，所以我等於是從事服務業。比起先前在舊金山，現在的我必須更辛苦，也要更常遠行，才能服務客戶。如此一來難免流失一些客戶。

我之所以在家中打造豪華錄音室，是認為Narada旗下的其他藝人會想到我家錄音，我就有錢可賺。但萬一他們沒來怎麼辦？

那當這個執行製作人呢？頭銜是很好聽，但現實情況告訴我，我其實適合當個自由工作者。我不喜歡坐在辦公桌前，處理別人的問題。我也不喜歡有頂頭上司。

結果就是我無力負擔房子的貸款，工作壓力是前所未有的大。我真正想做的事情，現在是做得更少，而不是更多。

我怎會讓自己落到這種地步？怎麼會演變成這樣？

我覺得問題的答案，能解釋大家如何，又是為何犯下**許多**嚴重錯誤。所以還請耐心看我分析。

我覺得我之所以犯下大房子錯誤，是因為分不清理由與藉口。

在過程中的每一步，我都可以說出一番道理，主張買大房子是正確的。我賣了舊金山的房子，手頭**有錢**。密爾瓦基的房子**確實**比較便宜。我還能說出其他道理。

但這些論點，全都稱不上在買大房子之前，所想到的正確**理由**。而是我在買了房子之後，為自己做了想做的事情找藉口。因為事實很簡單：我很想搬回美國中西部。我愛上了一處美麗的房產。**而且在我在人生的那個階段，就是想要一間大房子！**

為何大房子對我來說如此重要？原因很複雜也很模糊，我到現在都還搞不懂。也許是很尋常的原因。也許我誤以為一定要擁有一間大房子，才算是正式成年。也許我誤以為該有個具體的象徵，才能彰顯職業生涯的成就。

無論真正的原因為何，我覺得重點是，我以為自己完全理性，但其實是被慾望與壓力牽著鼻子走，毫無理性可言。

很多嚴重的錯誤，就是這樣發生的。

◆

我犯下買大房子這種錯誤，是不是很天真？是。是不是本可避免？也許是。我是否幾年後還引以為恥？絕對不會。

繞了一大圈，又回到這一章一開頭談到的觀念。錯誤是不可避免的，所以我們還不如接受，原諒自己，繼續往前走。我們犯的錯誤，可能會給我們自己找麻煩，耗費時間與金錢，但只要是**正當**的錯誤，就不必覺得羞愧。每一個錯誤，都是學習的機會，都代表我們在蜿蜒曲折的人生道路上，去過的地方，現在的位置，以及打算前往的地方。

我們要是害怕落於人後，或是害怕犯錯就會一蹶不振，就不允許自己犯錯，那就等於剝奪了自己的學習機會。更糟的是，我們**犯了錯**，卻因為固執己見、害怕，或是疏忽，而不願承認自己的錯誤，就沒有機會走出失誤，朝著更理想的方向前進。

我們也錯失機會，無法成為更好的自己。

我每次想簡明扼要表達人生的基本真理，總會遇到一些矛盾，現在又遇到一個。這個矛盾就是：我們既是昨天的自己，也不是昨天的自己。

我們的身分當然是連續的，所以我們每天早上，才能認得鏡中的自己，才能想起那些好笑的事情，才能維繫人際關係的忠誠，以及穩定的情感。

但我們確實也一直在改變、發展、演進。每一天，我們對於這個世界，對於自己的思想與心靈，又多了解了一些。我們所犯的錯誤，以及犯錯之後的路線修正，都是演進過程中不可或缺的一部分。所以，若要欣賞**現在的**自己，就要坦然接受**以前的**自己，以前那個犯下愚蠢錯誤的自己！

所以，舉個例子，我回顧先前的大房子錯誤，承認當初的決策有誤。我一時對於豪宅的強烈渴望，有違我真正的價值觀。我不會不承認自己的錯誤，而是換個角度看，彷彿這是別人，是一位比較年輕的朋友做下的蠢事。我並沒有因為當時的天真而感到羞愧，而是很開心自己學到了東西，累積了經驗。

我的意思並不是說，我已經有所成長，以後再也不會犯錯。我還是會犯錯，有些錯誤放到以後再看，當然也會像現在的我看待以前的大房子錯誤，弄不懂當時的自己是怎麼了。我知道我以後回顧以往，還會常常問自己，**彼得**，**當時的你在想什麼？**

面對這個問題，有時會有點難堪。但坦誠回答，總會有所收穫。

第9塊金磚：

許願，必須小心謹慎

古老寓言告訴我們：許多美夢的後果其實不堪設想。

別亂許願，畢竟有天可能會成真。

不要隨便許願。

……因為有可能成真。

我覺得這句中國箴言，蘊含著非凡智慧，直指人性的核心，因此放諸各文化、各時代皆準。

想想希臘神話的傳奇人物邁達斯國王。他愛黃金成痴，擁有再多也不滿足。他甚至希望把**所有東西**都變成黃金。這種輕率又危險的願望最後成真，就是有名的「點石成金」。國王擁有點石成金的本事，享受無窮無盡的財富，起初是很開心……直到他的手碰到心愛的女兒，女兒立刻從一個貼心、歡笑的活人，變成一尊沒有生命的黃金雕像。

那麼多世紀過去了，點石成金的故事仍舊很有道理，也擲地有聲。為什麼？我認為有兩個原因。第一個原因是，這個故事道盡人生一種很重要，有時有些悲哀的諷刺之處。渴望擁有的能力，竟成為可怕的包袱。幻想實現之後，卻演變成災難。但要知道：這種殘酷的諷刺，並不是**憑空降臨**在邁達斯身上，而是他自找的。這個故事講的是人性，而不是眾神的怒火。邁達斯的諷刺之處來自**內心**。說到底，就是他分不清他**以為**能讓自己快樂的東西，以及他的人生真正重要的東西。

歷史悠久的點石成金故事，如今的我們仍然覺得有道理的第二個原因，是點出了富有的父母面臨的一種危機。這能引發不少共鳴，卻也讓人難過。作父母的若是將賺錢放在第一位，子女會如何？子女會不會變成「黃金雕像」？

我們稍後會談到這個問題。現在先談談其他願望成真，卻也必須承受意想不到的後果的例子。

我認識一位先生，在一家赫赫有名的全國性雜誌擔任編輯，工作多年堪稱愉快。他起初是助理，負責接電話、泡咖啡，一邊學習這一行的基礎。二十年來，他逐漸升遷。他並沒有飛速升遷，而是緩慢穩步升遷，是因為專業經驗不斷累積，以及與同仁合作。這些同仁也各自晉升到更高的職位。他辛苦多年，總算升上執行編輯，大名印在報頭的二號位。

沒想到，執行編輯這個位子正適合他。他身為執行編輯，有權挑選寫手，分配報導。他還有時間親自編輯，將文章塑造得更理想。這些是他最擅長的工作，而同樣重要，甚至更重要的是，這些是他**喜歡做**的事。

至於主編的工作，所適合的性格特質不同，工作內容也截然不同。主編要負責預算，還要應付母公司的公司政治。主編是雜誌社的門面，必須時時公開露面，應酬各方。而且主編幾乎沒有時間能親自編輯，幾乎每一家雜誌社皆是如此。

「我喜歡坐二號位，」我的這位相識回顧以往，說道，「我喜歡靜靜坐在辦公室看稿。我喜歡有一層隔絕層，將我與高層隔開。」

但主編後來決定退休，而曾經安於二號位的執行編輯，竟然開始渴望成為第一把交椅。為什麼？

這位先生說：「升上去，薪水會增加很多。但錢其實不是重點，重點是自尊。我希望我的名字總算可以用更大的字體，印在報頭最上方。而且這也關係到我要是**沒升上去**，會有怎樣的心情。我會覺得被看不起，被羞辱。公司若選了別人，我就等於被公開羞辱，至少在業界算是被公開羞辱。」

我覺得，他這些感受全都情有可原。問題是，這些感受與擔任雜誌社主編的日常現實面，幾乎完全無關。這位相識的願望，反而會讓他自己不快樂。會有這種願望，也是人之常情，只是不太合適。

總之他的願望終究成真。他升上主編，拿到的不只是加薪，還有位在角落的辦公室。他還一天到晚胃痛，動不動就失眠。這種壓力爆表的苦日子，他撐了兩年，最後辭職下台。

這個故事能不能有快樂一點的結局？理論上當然可以。這位先生大可以選擇不要角逐主編大位，也可以表態說願意繼續坐二號位。但真正能做到的有幾人？

再次強調，分不清**真正**想要的，以及**以為**自己想要的，似乎是根深蒂固的人性。何況社會壓力往往也牽引著我們，走向以為自己**應該想要**的東西：加薪、升遷、名望。在這種情況下，我們很難在每個決定都能依據自己的喜好，而不是按照有時根本是錯誤的願望。

我們的社會慫恿我們爭取名利，不管我們想不想要那個愚蠢的玩意！很少人能抗拒這種誘惑與壓力。

不曉得多少人聽過路易斯．萊夫科維茨（Louis Lefkowitz）。在一九六〇、一九七〇年代的十幾年間，他是美國紐約州的檢察總長。他的操守無懈可擊，州長無論是民主黨籍還是共和黨籍，他都能勝任愉快。他在擔任公職期間，似乎沒有敵人，也沒人說他不好。納爾遜．洛克斐勒（Nelson Rockefeller）州長在任內過世之後，萊夫科維茨受邀擔任副州長，以便為州長選舉做準備。大家似乎都認為，他出馬必將大獲全勝。

萊夫科維茨拒絕升遷。他已經擁有適合自己，他也真心喜歡的工作。他完全沒有要當州長的意思。他對媒體說：「為什麼要接受不想做的工作？幹嘛要給自己找罪受？」

如此坦率的智慧之言，在當時的人眼中就像一股少見的清流。《紐約時報》也特別奉為本日金句，在頭版最上方刊出。

萊夫科維茨的態度，為何會顯得如此罕見？人生是我們創造出來的，而且我們**每**

一**個人**，總會面臨要不要更上層樓的選擇。大多數的人，似乎喜歡不停追逐**下一個**願望。

但也許比較快樂的人，也就是與自己的人生最融洽的人，是了解、尊重，以及享受**已經實現**的願望的人。

◆

許願會造成很多種危險。

其中的一種，是有些人誤以為許願就等於**準備工作**。畢竟認真的許願，會耗費不少精力與注意力。所以有些人難免會騙自己，以為希望某事會發生，就等於已經做好準備，等到事情發生就能應付自如。

這可是截然不同的兩回事！

許願與準備是不同的。期待與準備也是不同的。這句話我很有資格說，因為我在職業生涯犯下的最大錯誤，就是分不清這些差別。

還是要先解釋一下來龍去脈。先前提過，我離開舊金山，搬到密爾瓦基，原因之一就是想擴展我在音樂方面的視野。我還是很喜歡創作廣告配樂，當然更喜歡有人付錢請我創作。但我漸漸受不了廣告配樂在格式上的侷限。畢竟我有一些音樂構想，區區三十秒是表達不完的！而且我的年紀稍有增長，在這一行剛立足的新鮮感逐漸消退，我的心頭一直縈繞著一個問題：我的音樂的**目的**是什麼？僅僅是為了促銷產品嗎？音樂難道沒有更崇高的用途嗎？難道沒有遠高於我迄今經歷過的意義與成就嗎？

這些問題揮之不去，我的心情越來越煩躁，於是就有了一樁心願：我希望能有機會創作電影配樂。

我想，這種心願也未免太自大，但也不能說是癡心妄想。我創作廣告配樂，也學會以音樂搭配動畫的技巧。我已經在用音樂推動敘事，只是執行的規模很小。從三十秒的廣告，到兩小時的劇情長片，確實是很大的轉變。但也沒關係，因為我當時正是滿心渴望跨入不熟悉的領域。

唯一的問題，當然就是如何實現這樁心願。

一般的想法是，想要加入電影製作團隊，無論擔任哪個職位，都一定要搬到洛杉磯。那裡才有人脈，才有生意。想打入娛樂業，就要花時間出席聚會與派對。要廣結人脈，也要跟人**閒聊**。遠在兩個時區之外，是很難打入這個圈子的。

但我從父親身上學到一點，與其說是什麼大道理，不如說是性情相似。我父親創辦波克夏．海瑟威的時候，紐約市毫無疑問是金融界的中心。現在的金融界較為分散，所以紐約市的重要性反而不如當年。在當時，想在「華爾街」工作，那就得**去**華爾街。就是這樣。

我的父親倒不這樣看。他直覺意識到團體迷思的危險。太多人追逐同一個地方的同一個東西，難免會演變成錯誤推斷，以及從眾心理。沒有實質的想法，只有難懂的術語。不去搞懂基本的知識，只顧著熟悉重要人物。有句老話說，是金子終究會發光，但發光的金子，大概也會變得一模一樣。所以父親留在奧馬哈，走自己的路，依照他的想法與方法。

我也依循類似的思維，決定不去洛杉磯，而是移居密爾瓦基。當時的我想發展自己的音樂、自己的品牌。我要是追逐一大堆人追逐的工作，硬是逼著自己寫這個月流行的曲風，模仿最近很紅的配樂，那怎麼可能會有自己的音樂，自己的品牌？

我並不是不接受電影業運作的基本現實面。我只是拿出美國中西部人一步一腳印的務實態度，拚老命想破解眼前的難題，想找到一條打入電影圈的路。

我發現的道理之一，是幾乎每一部電影的製作過程中，都是最後才加入配樂。先是拍攝影像，再來剪輯影片，然後才配入音樂。話雖如此，導演對於最終的配樂，至少還是要有一個粗略的概念。所以剪輯師在剪輯時，通常會使用「參考音樂」。他們找到跟電影**還挺搭**的音樂。導演要是覺得還不錯，那創作這個音樂的人，就很有機會拿下電影配樂的工作。

所以我的首要任務，就是錄好一張ＣＤ，再廣發出去。幸好新世紀（New Age）音樂當時人氣大漲，而且我創作的音樂，大致符合新世紀風格。Narada唱片公司於一九八七年，發行我的第一張專輯《等待》（*The Waiting*）。我很自豪的是，這張專輯得到的評價不錯，銷售成績也尚可。但我只能希望，會有電影剪輯師與製作人聽見它。

總之，《等待》作為專輯的名字非常貼切。我發片……我等待。我繼續等待。我要強調，並不是很快就有了進展！

在此同時，我開始考慮製作第二張專輯。相對來說，第一張專輯比較好做。多年來收藏在抽屜的零零碎碎的靈感，那些閒置的，等著有人探索、擴充的曲子與主題，就在第一張專輯一次用盡。但第二張專輯，就需要全新的靈感。在那難熬又沮喪的幾個月，我實在不知道要到哪裡尋找靈感。

後來我們家很熟悉的一位朋友，送我一本書，是康奈爾（Evan S. Connell）的著作《晨星之子》（*Son of the Morning Star*）。我深深為之著迷。故事圍繞著十九世紀末美國的大平原原住民（Plains Indians）的大半部歷史。這本書談到他們經常被迫大規模遷徙，政府不計代價追求擴張，不僅違背承諾，還以殘酷的暴行對付他們。我讀著讀著，是既感動又憤怒。我也感受到一種揮之不去的失落感，而且不知為何，總覺得感同身受。流離失所，古老文化被抹滅大半的，並不只是美國原住民。美國原住民的傳統被踐踏，古老的智慧被驅散，被貶抑，是**所有人**的損失。

《晨星之子》帶給我的強烈感受，當然也展露在我的作品裡。我不敢妄稱在創作美國原住民音樂。應該說我努力以自己的方式，去理解、致敬某一種傳統，表達我內心對於一種幾乎被摧毀的「風俗」的敬意與懷舊之情。我在一九八九年發行的第二張專輯《逐一》（*One By One*），傳達的就是這些感覺。

第二張專輯發行不久之後，也就是我有了創作電影配樂的心願的**四年後**，我發現凱文・科斯納（Kevin Costner）要拍一部描寫十九世紀大平原原住民生活的電影。這該說是機緣湊巧，還是什麼？我的專輯簡直像專為應徵這部電影的配樂而寫，就是這麼契合。

我透過以前在史丹佛大學認識的，其實不算熟的相識，將錄音交給科斯納。他很喜歡，邀請我為電影製作配樂。我多年的願望就這樣要實現了。

是嗎？

似乎有個小問題尚待解決：我根本不知道怎麼寫電影配樂！

事後回想，真的搞不懂是怎麼回事，但實情就是如此。我不想故做謙虛，在某些方面來說，我打入電影業的手法堪稱精明。但不知怎麼，我竟然忽略了最基本的條件。我滿腦子都是願望，又耽於空想（而且坦白說，手上也有許多案子在忙），所以沒有下功夫練就電影配樂的技藝。不知從什麼時候開始，我以為只要有了心願，就能抓住機會。也許會有一位救星良師，在關鍵時刻從天而降。也許會有個電影公司的總裁，認為我是「尚待打磨的鑽石」，會賞識「現在的我」。

結果這些都沒發生，還真意外啊！

我這才開始惡補，卻是為時已晚。我向經驗較為豐富的作曲家，請教管弦樂編曲的訣竅。我給自己上了一堂電影製作技術的速成課。但我心裡明白，我準備不足，欠缺自信也表露無遺。我努力掩飾，但展露在外的形象卻是：這傢伙沒做好準備。

換做別的情況，我也許能說服電影公司的人，讓他們相信我學得很快，可以大膽起用我。但我遇到的情況很複雜。每次不都是這樣？凱文．科斯納是成名已久的演員，但當導演還是頭一回。這可會讓很多人不放心。他打算拍的電影是《與狼共舞》，是一部高成本，而且非常不尋常的長片。這也會讓很多人不放心。配樂又是一個實力未經檢驗的作曲者做的，讓人不放心的地方未免太多。

我終究沒拿到這次配樂的機會，但也領悟了一個道理，應該說兩個道理才對。

第一個道理是什麼叫做天降好運。我從大平原原住民得到靈感，錄製一張專輯。凱文．科斯納要拍一部描寫大平原原住民的電影，需要配樂。還有比這更走運的嗎？

但天降好運與免費入場券之間，還是有莫大的差異。一個人得到天降好運，往往並不代表突然就一切順遂。得到天降好運，往往需要勇於接受挑戰，克服難關。但也必須做好把握好運的準備，才能證明自己配得上天賜的好運。

這就談到第二個道理，當然就是準備。我能否寫出堪用的《與狼共舞》配樂？我真的相信我可以。但我就必須邊做邊學，而這樣是不夠理想的。我覺得，**有能力**做一件事，與真正**準備好**做一件事之間，還是有細微的差別。

紮實的準備工作，就是完成許多事前規畫，例如思考如何因應可能出現的難題與危機。事前思考得夠周詳，一切就會明朗，我們也就能讓自己，也讓可能合作的對象知道，我們確實能勝任眼前的工作。準備工作要做到這個地步，才會有真正的自信。

我與《與狼共舞》失之交臂，也不見得全是壞事。

科斯納後來請我寫一個叫做〈火舞〉（*Firedance*）的小作品，長度只有兩分鐘，但坦白說，節奏的鋪陳要很講究。更重要的是，主題對我來說也是一種考驗。在這兩分鐘，我要將電影的精髓，以簡明扼要的方式表達出來，描寫一位我們看得見，聽得見的男子，精彩又玄妙的蛻變。這段音樂搭配精心拍攝的影像，以及科斯納強而有力，堪稱神來之筆的演出，組成動人心弦的一幕。

對我來說，寫〈火舞〉的機會不只是安慰獎，更是一個好機會，證明我也有能力寫出堪用的電影配樂。以我當時的實力，應該也比較適合寫一**部分**的配樂，而不是承接整部電影的配樂。從這個角度看，我寫電影配樂的心願實現了，故事也有了圓滿的結局。

儘管如此，我在〈火舞〉仍然犯了幾個錯誤。會犯這些錯誤，仍然是因為我準備不足，無法因應業界的現實，自己的能力也並未達標。

《與狼共舞》上映之後，不僅佳評如潮，也大為賣座，讓原本不看好的人跌破眼鏡。如此賣座，當然要順勢推出電影原聲帶，但主要負責配樂的約翰・巴瑞（John Barry），並不希望收錄我的作品。在他看來，電影原聲帶是他的作品，就是這樣。我也只能接受。

事後想想，我不該退讓。我不喜歡叫叫嚷嚷與人爭執，但總有完全得體的專業做法，能為自己爭取權益，但我卻沒做到。電影原聲帶事關重大，是我的音樂能大舉曝光的好機會，但當時的我還不能接受殘酷的現實：即使是同事，有時候為了爭地盤，也得針鋒相對。我以為我不爭取電影原聲帶收錄我的作品，是體面又大器的做法，但這樣做其實有失專業原則。當時的我只想避免衝突，沒替自己作品的曝光率著想。

我在〈火舞〉犯的第二項錯誤，與業務上的衝突無關，而是與應有的技藝水準有關。

我的作品既然沒納入《與狼共舞》原聲帶，我就能爭取將它收錄在我的第三張專輯《失落的邊疆》（*Lost Frontier*）。這是好事。器樂電臺在播放我的作品。隨著《與狼共舞》大賣，更多人能接受美國原住民風格的音樂。但〈火舞〉還是有一個基本的問題：這是個兩分鐘的作品，而很少廣播電臺，會播放兩分鐘的作品。

我應該把它擴大成三、四分鐘的歌曲。但我沒有這樣做。為什麼？我可以打純粹主義牌，說這個作品本就只適合兩分鐘，不適合三分鐘，就是這樣。但這種藝術創作上的固執己見，通常對自己沒有好處，有時甚至還是掩飾自己技藝不精的藉口。我沒有將〈火舞〉擴寫成廣播電臺喜歡的版本，坦白講是因為當時的我不會做。我就是不知道該怎麼做。

這再一次凸顯能力與準備程度的差異。當時創作〈火舞〉，我若做了充足的準備，就會**預料到**發表之後可能會大獲好評，以及後續的種種效應。我就會預料到可能需要加長，或是轉化為其他形式。我也會做好多元發展的準備。但我當初的願望，是為劇情長片打造配樂。我沒有想到比這個願望**更遠**的事情。

這就要談到願望的第二個危險之處。

我覺得，太多人認為願望實現就等於圓滿，就等於過程的**結束**。但將願望實現當成一種開始，當成某件事的開端，豈不是更好？真正的喜悅與滿足，是看見願望成真後，能發展到什麼地步。

◆

在結束願望與願望的危險的討論之前，我們先把整個主題顛倒過來，從相反的角度研究：願望若是**沒**實現，又會如何？

人生不見得是公平的，卻往往出乎意料地對稱。我覺得在這個方面也很對稱。想一想，既然願望實現可以是一種天大的災難，例如邁達斯國王就是個例子，那願望沒實現，也許也是福不是禍。

這兩種情況都受到同一種機制影響：分不清我們**以為**自己想要的，以及自己**真正**想要的。願望要是落空，我們得不到**以為**自己想要的，那就不得不更費力探索，更認真、更深入思考自己**真正**要的是什麼，需要什麼才會真正快樂。有時候，願望沒成真，反而是一種解脫。

我來說一個例子。

我認識一位年輕的小姐，她的家族出了好幾位律師。她是個認真又專注的學生，以優異成績結束大學生涯之後，順利進入美國東岸一間頂尖的法學院深造。她想好好利用入學之前的暑假，於是申請到紐約一家專營公司法的大型法律事務所實習。

她會覺得這是開展職業生涯的好辦法，也很正常。她姐姐就走過同樣的路，先從不支薪的實習工作做起，後來晉升到有給的實習工作，再後來當上律師，有朝一日可望升上合夥人。她會想在那年夏天第一次實習，是完全合理的。

但她沒有拿到實習的機會。並不是她有什麼過錯。她的學歷跟姐姐一樣出色。我相信她應徵的表現也一定無懈可擊。但世界變了。法律事務所的生意減少，組織也在縮編。案件沒有那麼多，當然也就不需要那麼多實習生，就連用來鼓勵實習生努力工作的律師職位，也大幅減少。這就是一個人生不公平的明證。

年輕的她願望落空，當然會沮喪、憤怒，甚至有一陣子不知所措。畢竟願望落空，是一種小型的死亡。一旦死亡就必須放手，放手總是很痛苦，總要經歷一段傷慟與過渡期。

但她在那年夏天，還是要找其他事情做。她可沒有大把時間可以悶悶不樂。她後來到長島的一家大型非營利環境組織實習，薪水極低。

她坦言：「我到那裡是一肚子氣。覺得不該淪落至此。那裡的工作枯燥得很。我又生悶氣，所以更難熬。我就是不想覺得工作有趣。」

後來起了變化。她應邀陪伴層級較高的同仁進行實地考察，造訪濕地與松類荒原，以及其他她的公司想保護的脆弱環境。

她說：「說起來還真神奇。我到野外去，穿的靴子沾上了泥巴，我卻覺得好開心。整個人好有精神，看見什麼都好奇，活像一隻剛讓人放出籠的猴子。我也開始認真思考，是否真的要在法律事務所上班，頂著人造燈光，穿著正裝與長襪。我其實可以穿著卡其短褲，在這裡享受陽光。」

所以後來她決定怎麼做？故事還在進行。她按照原訂計畫，進入法學院，不過卻是決心專攻環境法，而不是公司法。她說，她以後可能會從事法律工作，到需要實地考察的非營利機構工作。也有可能完全放棄法律，轉向自然科學的某一支。讓我們繼續看下去！

無論她最終的決定是什麼，重點在於：她是因為第一個願望落空，才能改變方向，重新評估她的選項，發現真正適合她的人生。她的第一個願望若是成真，那她又何必放下她**以為自己想要的選擇**，轉換跑道？

願望引領我們走向某個嚮往的目的地，也會引導我們將注意力集中在某個特定的極小目標。這也沒什麼不好，有目標，達成目標，能帶給我們無窮的自信與快樂。

但這也很危險。我們只注意極小的目標，就看不見每個可能的方向，還存在著無數其他的選擇。目標要是沒達成，願望要是落空，我們就不得不擦亮雙眼，再次看著更遼闊的世界。

第10塊金磚：

所謂的成功

在現代社會中，成功的人往往不是有價值的人。

巴菲特如何創造自我、定義成功？

我覺得現在的社會，真的太在意「成功」的概念。

我們努力成功，我們夢想成功，我們看書研究保證有效的成功方程式。我們稱讚、欣賞，甚至有時候奉承他人的成功。有時候我們私下，甚或是公開羨慕、嫉妒別人的成功。我們似乎認為，只要成功就會快樂，也會有成就感。若是不成功，那就只會消沉沮喪。

但想一想：我們那麼在意「成功」，但我們究竟知不知道什麼叫成功？

在我看來，「成功」應該是指一個人的成就的本質。這個人究竟做到了什麼？可有幫助別人？可有發揮了獨特潛力？面對工作與生活，是否懷抱熱情與創見？追求的目標是否具有基本價值？

可惜在我看來，現在的人所謂的成功，跟成就的**本質**已然無關。現在的人不再重視事業或是職業生涯的本質，而是只在意事業或職業生涯所能帶來的**報酬**。這個報酬通常就是金錢。

換句話說，我們似乎只在意報酬，不在乎過程。在意不該在意的東西，也就貶低了「成功」真正的定義。其實「成功」一詞如今最普遍的用法，只不過是「高薪」的代名詞。

想一想。在許多社交情境，形容別人是「收入很高的外科醫師」或是「賺很大的高階主管」，是很失禮的。不過一般而言，說人家很「成功」，意思**不就是**此人很有錢嗎？

我的意思絕對不是說，賺錢有什麼不對，絕對不是這個意思。我的意思是，應該把賺錢當成成功的副產品，而不是衡量成功的標準。

真正的成功來自內在，代表我們的身分與行為。成功來自我們的能力、熱情、勤奮，以及投入的神奇的交互作用。真正的成功是我們私下掙得的東西，成功的價值，也由我們自己定義。

外面的世界可以用金錢酬賞我們，卻不能賜予這種更深層、更私人的成功。

另一方面，外面的世界也無法**奪走**我們自己掙得，在內心最深處的成功。這也會產生巨大的實質影響。

任何人只要眼睛看得見，稍加留意近年的局勢，就會發現我們的經濟體系是多變的，說多變還算客氣了。一種職業這個月大發利市，下個月就無比慘澹。投資銀行家這一年領到鉅額獎金，接著突然就被銀行掃地出門。各界眼中扶搖直上的執行長……掌舵的公司就這麼破產了。

這些人順風順水的時候享有的「成功」，後來為什麼不見了？是不是金錢的水龍頭關掉了，成功就消失了？成功如果會在轉瞬間灰飛煙滅，那最初能有多堅固？會不會從頭到尾都是虛幻的？

如果我們所謂的成功就只是賺大錢，那這些問題就沒那麼重要。但我們討論的，其實是非常私人、非常重要的東西，與我們對於成功的定義有關，例如自尊、自信，以及心靈平靜。

一個人的自尊，如果是跟薪水高低成正比，那薪水要是變少，或是完全消失，他會怎麼看待自己？

一個人的自信，若是建立在下一次加薪、下一次升遷，那要是無法再上層樓，他會有什麼樣的感受？

為何會有人任由外面的世界，那個易變又無法控制的外面的世界，決定不僅是我們的收入高低，還有我們整個人的**價值**？

我覺得基本的道理，是盲目以金錢衡量成功，未免太危險。即使拋開知識與心靈的追求，不去尋找更強而有力、更個人化的成功的定義與意義，只要夠謹慎，就不會將別人支付的價錢，當成自己真正的價值。

把銀行對帳單的內容，當作衡量人生的標準，是既懶惰，又危險的行為。

但是，好，如果說盲目以金錢衡量成功，會害自己陷入危機、走入死巷，那到底**應該**怎麼衡量成功？

我覺得這個問題，不可能有放諸四海皆準的答案。這就是我想強調的重點。一個重要，而且能讓人發自內心認同的成功定義，必須是**個人**的。我不能幫你定義成功，更不可能硬要你接受我的定義。你也不能幫我定義。每一個人都必須努力找到自己的成功定義。

此外，我們為了找到屬於自己的成功定義，所做的努力，不僅能讓我們更了解自己，也能讓我們更清楚，自己真正重視的是什麼。這些努力都會成為我們的成功的一**部分**。

我用一個例子解釋，就會比較清楚。

我有位朋友，是個很好的人，也是位傑出的音樂工作者。他對錢財毫不在乎，這也是好事，因為他的音樂只能賺取零星的微薄收入。他長年置身經濟主流之外，所以有時候只能住在車子裡。大多數的人看他的境況，都會認為不值得羨慕，說不值得羨慕還算客氣了。這位先生的人生，可以說充滿艱辛與挫折。但他仍然自認為很成功，而且我完全認同。他現在的生活完全適合他，是他為自己選擇的生活。

找到適合自己的人生，**創造**適合自己的人生，並不容易。要做到這一點，他必須面對自己的矛盾心理與不安全感。他必須忍受別人的期待。而他不願意滿足他人的期待，也必須付出代價，包括實際層面與情緒層面的代價。

他的母親是鋼琴老師。他從小就展現出不凡的音樂天賦。他的父親很慈藹，也很務實，希望兒子長大後能成為醫師。父親認真工作，犧牲奉獻，就是希望兒子能有好的教育與未來。他不想辜負父母的投入與期待，決定去讀醫學院預科。至於心愛的音樂，只能當成閒暇的愛好。

他憶起以往，說道：「在大學時期，我發現父親與我之間，確實互愛互敬。他覺得我有許多潛能。他希望我能成功，能快樂。所以我在念醫學預科的時候，我並不覺得『爸，我是為你才唸這個。』我那時真的相信，醫學預科是我自己想走的路。我對自己說，我會繼續走這條路，無論遇到什麼結果，都不會退縮。」

然而到了大三那年，他顯然遇到了問題。他對於醫學的興趣逐漸消滅，音樂對他的呼喚越發堅定。他與父親談起這個話題，結果父子兩人都感到痛苦與不解。他說：「我爸並沒有要跟我斷絕父子關係的意思，但很明顯，我要是放棄醫學這條路，父子關係就等於毀了。他對我不管是經濟還是情感上的支持，都不會像以前那樣。那我就真的只能靠自己了。我必須自己決定。」

一場漫長與扭曲的掙扎就此展開。我覺得，年輕人選擇的道路，若是有違父母的期待，往往就會爆發這種掙扎。我的這位朋友又努力了一陣子，拚老命想滿足父親的期待。他繼續攻讀醫學預科課程，拿到生物化學學位。他還是想當個好兒子。而且努力實現父親的夢想，就不必因為追逐自己的夢想而焦慮。他真的知道如何以音樂為生嗎？他已經做好專業演奏的準備了嗎？他的實力夠強嗎？他的實力**會有**夠強的一天嗎？

他只要照著父親的意願做，就不必回答這些讓人一想就害怕的問題。從某些方面看，勉強接受別人對於成功的定義比較輕鬆，冒著達不到自己想要的成功的風險，終究比較艱辛。

儘管如此，我們該有的人生終究會實現，只是有時要經過一番波折。我這位朋友，後來也許是在不知不覺中，阻斷了自己成為醫師的道路。他只申請入學門檻最高的醫學院的最困難的學位課程。他認真唸書，也用心準備申請資料。但他一邊朝著當醫生的方向努力，一邊又抗拒當醫生。他的內心有個柔和卻堅定的聲音，蘇格拉底稱之為**心魔**，我的朋友則是稱之為本心。這個聲音以最堅定的語氣告訴他，該選擇別的道路。

這位朋友最終難免還是放棄學醫，以音樂作為人生的重心。他的母親贊成。但懊悔的是，他為此與父親有了裂痕，並沒有起衝突，只是從此疏遠，各自懷抱著內疚與失望。

這位朋友說：「對此，我只能承認，也只能接受，然後就只能不去執著。時間一久，我也開始思考這件事情的正面之處。我父親對我的期待，究竟是從何而來？是來自愛，也是來自他相信我的能力，相信我能對世界有所貢獻。好吧，我是沒走上他為我選擇的道路。但我走自己的路，只要做出成績，一樣能證明我爸沒有看走眼，對我有信心是正確的。」

這個故事有個美麗的意外轉折。

不久之前，距離他咬牙決定放棄醫學，已經整整過了三十年！這位朋友登台演奏。現場有位觀眾是內科醫師，後來對他說，聽完音樂會後，整個人的精神大為振奮。這位觀眾說，他的音樂很療癒。

我的朋友說：「終於有人用一句簡短的話，就讓我明白，我走自己選擇的道路，也沒有辜負我爸的期待。我的心結徹底打開了！」

◆

我要在這個故事的尾聲，加上一小段很簡短的個人經歷，因為別人短短的一句話，也曾打開了我的心結。

在我二十幾歲的時候，那時的我已經順從內心對於音樂的熱愛，但以音樂為業的收入卻很微薄。我回奧馬哈探望家人。我與父親談過幾次，說起我的志向、目標，以及打算怎樣實現目標。坦白說，我跟父親談這些，也是間接向**我自己**說明。我希望父親能做一面匡正我的鏡子，助我將零散的想法理出頭緒。

父親還是一貫的作風，仔細傾聽，沒有批評，也沒有給出明確的建議。後來有一天他在出門前，順便跟我說：「彼得，我覺得你跟我做的事情，其實是一樣的。音樂是你的畫布。波克夏是我的畫布，我每天畫一點點。」

他只說了這些，但已足夠。

這是我當時需要，直到現在依然珍視的肯定。我父親如此成功，竟然將我的事業，與他自己的事業相提並論。而且不只是相提並論，甚至是劃上等號。我的事業的獲利潛力，在全世界能發揮的影響力，當然不如我父親的事業，但基本的，**對於個人來說的**正當性，則是一樣的。

我們不必依循同樣的「成功」定義。我們不必採用同樣的「計分」標準。重要的是我們共同經歷的過程，而不是獲得多少報酬。重要的是我們兩人，做的都是各自熱愛的事。

我們的共同點，在於同樣竭盡全力，經營自己選擇的人生。父親提出這一點，對我來說是莫大的鼓勵。

◆

我覺得，從前面的幾個故事，可以看出我們對於成功的定義，有一種基本的矛盾：

最真實，也最恆久的成功標準，是我們**為自己**選擇、定義的成功標準。但這些選擇與定義，並不會出現在與世隔絕的環境。即使是最私人的選擇與價值觀，或多或少也會受到外部環境影響。

家人的期待，當然也是一種外部影響。這是難免的，但也是件好事。父母的人生閱歷，畢竟比子女多。做父母的希望子女擁有最好的人生，而對於什麼叫「最好」，也有自己的想法。有些子女樂於接受父母對於成功的定義，有些則是不願接受。

但我想強調的是：兒子可能順從，也可能反抗。女兒可能追逐父母的夢想，也有可能走向截然不同的方向，追逐自己的夢想。無論如何，子女的選擇都會**受到家人期待影響**。這是無可避免的。這是人性使然。我們即使，甚至可以說尤其決定不顧家人的期待，也必須承認，家人的期待確實影響了我們。

家人的期待是如此，同儕壓力與社會風潮也是如此。但流行的成功定義常常在變，就像裙子的長度，或是翻領的寬度。

天底下並沒有歷久不衰，放諸四海皆準的「成功」定義。在政治家伯里克里斯時代的雅典，所謂的成功，意思是有閒暇與哲學家相處、交談。在某些修道團體，成功的意義是放下所有情感與慾望，不再依靠物質世界，一無所有，也一無所需。但成功的定義，也可以是你擁有的山羊，或是孫子女的數量。有時候無論是哪一種定義的「榮譽」，都遠比財富重要。但換個時空，財富的重要性卻壓倒一切。

成功的定義如此龐雜，顯然「成功」是個很特別的名詞！想一想：舉個例子，對於「椅子」是什麼，大家的看法多半一致。說起「樹」、「書」、「方向盤」，大多數人都會想到真實有形的物體，而且這些物體的存在，不會因為各人的意見而改變。但「成功」的存在也是如此嗎？

成功終究取決於各人的定義。

這句話雖說迂迴，但我覺得也能帶給大家海闊天空的自由。為何要被根本不存在，頂多不過是一個一直在變的共識束縛？

但儘管如此，大家還是受到自己所處的時代與社會影響，社會潮流的影響力，是無可否認的。正如家人的期待，面臨一個時代的主流成功定義，我們可以接受，也可以抗拒，卻**不能**假裝它不存在，也不能假裝它不會或多或少影響我們的選擇。

接受主流的成功定義，是相對容易的。這話的意思並不是說，**實現**成功很容易，成功幾乎都是很困難的。但在任何時候，以實現當時主流的成功概念為**目標**，是很容易的。不需要有了不起的創意，也不需要大肆探索內心。主要是順應當下的潮流，接受**大多數人**願意遵從的同一套標準與優先次序。

相較之下，追求個人選擇的，與主流定義不同的成功，需要相當多的思考，內心也要相當堅強。無論主流的成功定義是什麼，都是如此。若是回到一九六九年，年輕人必須有不凡的想像力與勇氣，才能說出：「你知道嗎？我覺得我超想當股票經紀人！」

當然，近幾十年來，大家認同的成功定義，似乎越來越狹隘，越來越侷限在金錢，彷彿成功就等於金錢，就這麼簡單。彷彿**除了**賺錢能力之外，其餘的一切價值都降低。

這種趨勢從一九八〇年代開始。在那十年，商學院的入學申請人數創下史上最高。《時代》雜誌的封面報導，是雅痞的崛起。我的一位朋友，最近說了一個很恐怖的故事，道盡當時的主流風氣。

他說：「我參加一場宴會，主人介紹我認識他的一位女性朋友。她問起我的職業，那時候的人剛認識別人，通常第一個問的就是這個。我說是寫作。她上下打量著我，從鞋子一路看到髮型，只問了一句話：『那你成功嗎？』」

「我覺得這個問題唐突到了極點，一時之間根本說不出話來。這個人對我的職業根本毫無興趣。我寫作的主題是什麼？我寫作的動力又是什麼？我寫的東西是好笑，還是悲傷？無論我寫的是五行打油詩，還是闡述人生意義的長篇大論，對她來說都一樣。她只在意我是不是賺很多錢。我好不容易才咕噥一句：『還過得去。』就朝著酒吧走去。」

這種只重視金錢，甚至瘋狂重視金錢的心態，造成的後果倘若只是在宴會上失言，那我想也無所謂。但以報酬衡量成功，而非以個人成就的實際**內容**衡量成功，會引發許多非常實質且嚴重的後果。

也許最嚴重的後果是：我們對於成功的定義，會誘導眾人走向某些職業，**摒棄**某些職業。如果金錢是我們區分「贏家」與「輸家」的唯一標準，那大家都會湧向錢多的地方。

或者**看似**錢多的地方。

但這會引發很實際的問題。在一九八〇年代，最熱門的職業是管理顧問，於是很多人把這一行當成終極目標追逐。可想而知，市場上的管理顧問很快就過剩。熱門職業又變成律師……直到律師也過剩。最近風向又變了，投資銀行業成為大熱門，我們已經知道這股熱潮的結果。重點是，我們就算跟隨只有「鈔票色」的彩虹，也沒人能保證，走到最後會有一桶金。

沒錯，這只是以金錢作為衡量成功的唯一定義，可能面臨的**經濟**風險。那情感、心靈、社會風險又是如何呢？

因為無法發大財，所以沒人選擇的志業，要怎麼辦？

因為有可能妨礙賺錢，所以沒能發揮的好奇心、創造力，要怎麼辦？

以**內容**，而非報酬為基礎的職業，又該怎麼辦？

以當老師為例。天底下沒有比教學更重要的職業。沒有一種職業，能影響更多人的人生。沒有一種職業，更能影響個人以及集體的未來。此外，老師必須奉獻自己的**所有**給教學工作，包括心靈與頭腦，也包括體力與專業。

教學所創造出的內容，是**巨量**的。教學所帶來的金錢報酬，卻並非巨量。這就代表，若是人人都將金錢放在第一位，就會有許多擅長教學的人，根本不會考慮以教學為業。

能成為好老師的人，若不想當老師，顯然是孩子的損失。但這事還有另外一面：擅長教學卻不願任教，選擇收入更高的職業的人，損失可能更大。

選擇收入更高的職業，會失去哪些樂趣？選擇簽約獎金，會失去哪些個人成長的機會？說到底，這些人選擇哪一條路會更快樂，是為企業效力，還是教導小朋友？

先前說過，追求不符合當前潮流的成功，需要的不只是勇氣，也包括想像力，要有自己定義何謂成功的決心。有些職業更能致富，有些職業能讓我們的心靈更富足。能讓心靈更富足的職業要能興盛，我們就必須賦予一種無法以金錢衡量的敬意與名望。我們應該記住，這些職業**本身**就很有價值。

幸好，現在至少有一些人，就朝著這個方向努力。其中一位是詩人暨老師泰勒・馬里（Taylor Mali），以提升教師的尊嚴為己任。我最近看到一首他寫的詩，是他描寫各行各業的人士參與的一場晚宴。眾人聊著聊著，難免就聊到收入。在座的一位律師，向馬里問起老師的收入。從以下這段摘錄即可得知，馬里很巧妙地翻轉這個問題。（整首詩內容見www.taylormali.com）。

想知道我的收入？

那就是

讓孩子們付出他們自己都想像不到的努力⋯⋯
讓孩子們的父母，認識孩子的本質與潛力⋯⋯
我讓孩子好奇
我讓孩子提問
我讓孩子批評
我讓孩子真心誠意道歉
我讓孩子寫作，寫作，寫作
我再讓孩子閱讀
想知道我的收入？
那就是我親手創造莫大的改變！那你呢？

◆

幾年前，我在一本探討禪宗的書，看到了一句話，直到現在都記得，因為這種高深又難以掌握的觀點，文字雖簡單，點出的道理卻頗有深意：**開啟寶物的鑰匙，本身就是寶物**。

我提起這個，是因為我覺得，這與我們對成功的定義有關。

想一想：我們似乎習慣將「成功」定義為有形的東西，例如裝滿黃金、珠寶，反正是我們認為有價值的東西的寶物箱。但一個無法開啟的寶物箱，又有何用？

我們手上的鑰匙若是不合用，又怎能開啟寶物箱？

所以我認為，開啟寶物的鑰匙，本身**就是**寶物。等著我們拿取的寶物相當之多，但究竟能拿到哪些，終究取決於我們手裡的鑰匙。

而人人手中的這把神祕鑰匙，是用什麼打造的？是以我們自己獨有的才華、愛好，以及熱情打造的。這把鑰匙能開啟，也是唯有這把鑰匙能開啟的寶物，就是我們自己定義的成功。

人生是我們自己創造出來的。想創造自己的人生，就要徹底了解自己眼中的成功是什麼。誰也不能替我們衡量、定義成功。誰也不能論斷我們有無達成目標。

世界可以給我們酬賞，也可以不給。那是世界的事。但世界並不能論斷，我們想成就的成功，是否有基本價值，又合不合理。那是**我們**的事。我們為自己定義的成功，是誰也無法貶抑，無法剝奪的寶物。

第11塊金磚：富裕的險境

貧窮會消磨一個人的心智，甚至讓他放棄人生，

而富裕也是如此。

我始終堅信，人與人之間的相似之處，多於不同之處。

除了出生地、膚色、物質環境這些偶然因素之外，我們的希望與恐懼、需求與渴望，都是一樣的。我們都能感受愛與友誼的快樂。我們都體會過衝突與失去的痛苦。我們對於什麼叫有趣、什麼叫悲哀，多半有共識。我們同樣都在尋找意義。

那些動人的故事、不朽的神話，為何在古今中外都能引起共鳴？比方說從邁達斯國王點石成金的故事即可看出，這些故事探討的、揭露的，是我們共有的感受與渴望。

音樂為何是世人眼中的通用語言？因為音樂並不需要形形色色的形容詞，就能直指人人心中都有，而言語只能粗略形容的情感與能量。

我在這本書，探討我所認為的眾人的共同點，以頌揚我們共有的人性。這些共同點包括需要堅實的價值，找到並從事真正適合自己的志業的挑戰，承認自己的錯誤，並有所長進的重要性，而且同樣重要的是，要決定自己要追求怎樣的成功。

我覺得這些是人人都要面臨的事情，但在不同的人身上，會出現不同的結果。在這個方面，出生地、物質環境之類的因素，確實有影響。雖然，說到底，美國預備學校的學生，以及非洲西部的村民，同樣渴望能有安全、自信、心靈平靜，但達成目標的途徑，以及過程當中遇到的困難，大概會截然不同。

因此在這一章，我想回頭再仔細談談，先前只是概略提到的主題，也就是富裕的家庭想灌輸子女正確的價值觀，會遇到哪些危機。

每一個家庭，當然都**想**灌輸子女正確的價值觀。我從來沒遇過哪個父親，希望子女被寵壞，或是懶惰。我也從來沒遇過哪個母親，希望子女貪婪又高傲。然而問題在於，有時候想傳達的訊息，與實際傳達的訊息之間，有著莫大的差距。造成這種現象的原因很複雜，也很難懂，也許正因如此，天底下才沒有**完美**的父母。

我曾聽過一則故事，凸顯出原意有時會被扭曲，好意有時也會適得其反。

有位先生從小家境普通，但他們家工作勤奮認真，也頗為重視教育。他的父母辛勤工作，供他讀完大學。他自己也打工，還申請助學貸款。他後來決定到醫學院深造，這下子助學貸款就成為很沉重的負擔。

但他最後拿到醫學與工程學的雙學位。他發揮如此罕見的兩種專業組合，設計了一款裝置，方便重症患者以安全且有限的劑量，自行給藥。他申請到這款裝置的專利，再授權給一間大型製藥公司，不僅收取一大筆費用，後續還有源源不絕的權利金收入。

他突然成了有錢人。

等到他的孩子出生，他已經享受了幾年的富裕人生。此時的這一家人，大可住在精華地段的豪宅。爸爸媽媽可以各自開著閃亮的新車，一家人也可以在高檔餐廳用餐，在四季如春的地方享受寒假。

這位爸爸當然很樂意給予子女優渥的生活。但他也擔心，子女對於人生的真諦，會有一種很扭曲，非常片面的看法。

他見識過致富過程中的每一個階段，每一項挑戰。他對於一路上的辛苦、犧牲，以及負債人生的種種壓力與焦慮，是記憶猶新。他還記得，是他不甚富裕的父母，給了他成功的信心與動力。他也記得，他當初設計止痛藥給藥裝置，想的並不是發大財，而是幫助別人，為醫學實務盡一份心力。

他的子女完全沒有親身經歷過這些。這不能怪他們，也不能怪他。孩子們只是人生起點與他不同。但作父親的卻陷入兩難。他不是那種喜歡把成就掛在嘴邊的人。他當然也不希望，孩子們享有優勢，卻感到內疚。

他也**確實**希望孩子們能明白，財富與物質享受並不是憑空而來的，也不是因為他們家比別人家更應該得到這些，而是要靠努力得來。他也希望孩子們能理解，財富並不能代表一個人的基本價值。與較為貧窮的人相比，他們並不會比較優越。與較為富有的人相比，他們並沒有矮人一截。

他的長子滿十六歲的那年夏天，作父親的想出一個計策，要讓長子親身領略人生的這些基本道理。這家人是鄉村俱樂部的會員。鄉村俱樂部是個老派的地方，會員還會走在高爾夫球場上，把高爾夫球袋交給桿弟扛。他決定安排長子在那年夏天當桿弟。這是份不錯的戶外工作，對身體健康也有益。但也很辛苦，要有無私服務的精神。別人在享受，當桿弟的要吃苦受累。想多賺點小費，就要時時陽光開朗，彬彬有禮。這位年輕人也會與當了多年桿弟，以後也會永遠當桿弟的成年人共事。父親希望，兒子能與他們打成一片，能懂得欣賞他們的閱歷，也能明白，這份錢少事多的工作是值得敬重的。

於是這位年輕人，幾個月來扛著別人的高爾夫球袋。到了那年夏季的尾聲，父親問他，從桿弟生涯學到了什麼？

兒子說：「我發現我最好能賺大錢，讓別人幫**我**扛球袋。」

這就是兒子的領悟？難怪做父親的無法理解，也很懊惱。這與他希望兒子領悟的道理完全相反。可有真心敬重辛苦的勞力工作？能否體會一輩子如此辛苦勞作的人的感受？兒子為什麼沒能領悟**這些**道理？

父親實在搞不懂，說真的，誰曉得呢？也許把高爾夫球袋交給他兒子扛的那些會員，影響了他兒子的想法，所以父親的希望才會落空。也許其他桿弟並沒有善待他兒子。

也許兒子基本的性格與價值觀，在各種複雜的人與事件影響之下，早已定型，只是不知是好還是壞。也許是從小生活優渥，卻不了解財富從何而來。在如此的成長背景，難免會受到一些神祕的因素影響，也會有一些未經檢驗的想法，造就了現在的性格與價值觀。

這位父親能不能將家中財富的來源，解釋得更清楚，不是指望兒子在青春期的一個夏季就搞懂，而是在兒子整個成長期間持續說明？他能不能將白手起家，憑藉自己的努力成功的那種成就感，表達得更清楚？他能否解釋得更明確，成功的精髓在於專注的努力，以及成就的內容，而不是偶爾會有的報酬？安排兒子當桿弟的這場實驗，是否來得太晚，又做得太少？

這些問題大概除了這位父親，誰也無法回答。但我覺得灌輸良好的價值觀，是一種很細膩，涉及很多層面的過程。而思考該如何灌輸良好的價值觀，就必須探討這些問題。

◆

在前面的故事，兒子領悟的道理，與父親想表達的，完全是兩回事。想不到兒子唯一的心得，就是一心想賺大錢，以維持優渥的生活。父親很失望……但至少這孩子還有一點**像是**志向的東西！

某些富裕家庭面臨的問題，是子女缺乏志向。如果一個人已經確定往後都能不愁吃穿，那又何必認真工作？如果努力只能讓你得到更多你已經擁有的東西，那又何必努力？如果爸爸媽媽，或是某位遠祖，已經成功成名，為家族掙名利，那作子女的還需要做什麼？

會有這些想法很正常，但這些想法也很危險，破壞力很強。懷有這些想法，人生就沒有快樂與內容可言。所以我們現在就討論這些問題。

為何要認真工作？因為認真工作是最能通往自信的道路，也許還是唯一的道路。

為何要努力？因為努力就能將實力發揮到極致。我們也能了解自己是什麼樣的人，能貢獻什麼，又能成就多少。

家族已累積了財富，那還需要做什麼？**做什麼都可以啊！**

我覺得最後一點是顯而易見、無須贅言的。畢竟人類有太多太多的活動與可能性，賺錢只是其中的一小部分。但我們的社會卻極為重視賺錢謀生，有時會將其他目標與志向擱置一邊。

絕大多數人之所以工作，是迫於生計。食物是要花錢買的！還要付房租與房貸。這些是最基本的經濟現實，而滿足這些經濟需求，就有了尊嚴，也理當感到自豪。

但金錢若不是主要誘因，也還有**其他**一樣強而有力，也一樣合理的誘因。

真的是這樣嗎？

請大家耐心聽我說，因為我覺得有個重要的差異該說清楚。

我真心相信，其他的挑戰與志向，例如創作、公共服務，與追求金錢的志向一樣重要。但**我**說什麼不重要，重要的是**你**內心深處相信什麼。對於某些出身富裕家庭的子女來說，這變成一種嚴重的障礙。富有，也就是「出身富裕」，儼然就代表他們的身分與地位。他們必須具備非凡的想像力與勇氣，才能了解人生的其他部分也同樣有正當性，同樣能代表他們的身分與地位。

想一想我認識的一位女性的例子。她是富有家庭的千金，家裡從事零售業，累積不少財富。青少年時期的她，對於做生意沒什麼興趣。但她在大學時期，還是認真研讀企業管理，後來拿到企業管理碩士。這對她來說，是「預設模式」，是最適合她的家族地位的一條路……卻不見得適合她自己。

她最喜歡的，是素描與繪畫。她小時候就很喜歡畫畫課。她在大學時代只要有機會，就會修實務課程。她覺得她有些天賦，卻又很難以繪畫為業。畫素描與人生的**正經大事**，有何關連？至少與她的家族的正經大事，也就是賺錢有何關聯？她是不是只能玩票而已？

她無精打采地在家族企業工作，一邊苦思這些問題，一連熬了許多年。她自己後來回憶，感覺那些年簡直像是夢遊度日，每天只是做做樣子，根本心不在焉。她還是會畫畫，卻實在受不了把繪畫形容成**嗜好**。並不是說有嗜好有什麼不對……只是一種活動在自己看來是生命的**重心**，卻稱之為嗜好，別人也以為只是自己的嗜好，那真的不是普通的喪氣！

沮喪久了，她自己也受不了，於是她鼓起勇氣，告訴爸媽，她要離開家族企業，當個全職畫家。

她說：「我的心情超奇怪，感覺大大鬆了一口氣，也很興奮，精神大振。但在內心深處，又覺得自己很失敗。我不覺得是爸媽給我這種感覺，是我自己這麼想。感覺我是拿所謂的人生的正經大事去賭，任由自己做個放蕩不羈的藝術家。好笑的是，我覺得我爸好像很喜歡吹噓，**我那個住在市中心閣樓的藝術家女兒**。家裡出一兩個怪咖也不會垮，所以又有什麼關係呢？唯一的問題是，我自己相不相信我選擇的人生能有意義。」

我覺得「有意義」這三個字很有意思。意義？**怎樣**叫做有意義？是有錢嗎？美麗算不算是有意義？個人的表現有沒有意義可言？這位小姐面臨的難題，同樣是真心相信，自己的志向，一個不以賺錢為重心的志向，是正當的。

她終究安然接受自己的選擇。她是如何讓自己相信，自己選的路是正當的，志向也是認真的？**答案就是她自己非常認真看待這個志向**。

她說：「我在某個階段有了突破。我發現正不正當，不是看我做了**什麼**，而是我**如何**做。我要是太過自滿，懶得精進自己的繪畫技巧，那我就只是另一個拿繪畫當玩票的有錢人而已。那怎麼可能會有自信呢？但我若是認真努力，傾盡心力畫畫，也不斷拓展我的能力，那我就有資格自稱是藝術工作者。其他的事情都不重要。這個世界會不會認為我是大畫家？誰在乎這個？我靠畫畫能不能賺很多錢？誰也說不定。我要重新教育自己，就會明白除了我從小到大接觸的那些志向之外，還有很多值得尊敬的志向。」

◆

說到這裡，我再回頭談談我的家庭，還有我自身的經驗。

我先前提到，在我小時候，家中其實不算富有。生活當然很寬裕，只是低調不張揚，就像標準的美國中西部人。爸媽開的都是平價的好車，一開就是好幾年都不換車。哥哥姐姐跟我穿的都是耐穿的衣服，並不是名牌。我們從小，就不覺得自己擁有的一切是理所當然的。爸媽會給我小額的零用錢，但並不是平白給我。我必須幫忙做家事，才有零用錢可拿。我若是問爸媽借幾塊錢，到市區去花用，也必須將花剩的零錢繳回。

久而久之，家裡逐漸富有。我何其有幸，能親眼看到我慢慢開始領悟的有價值，也很重要的東西，為此我永遠感謝爸媽。

我看到的是：家境雖然不同，父母卻始終沒變。

我的母親依然熱情、慷慨，依然在市區各處都有朋友，也依然很喜歡聽別人的故事。

我的父親仍舊一週工作六天，穿著卡其褲、羊毛衫，全神貫注的樣子，彷彿老僧入定，諸事不聞。

他們有了錢之後，為何完全沒變？因為賺很多錢，從來就不是他們努力的目標。父親工作超級認真，因為他喜歡這份工作，工作能帶來挑戰與刺激。他後來賺到大錢，但熱情與好奇心，是從頭到尾都在。錢是後來才來，並不是一開始的誘因。

這種差異太重要了，怎麼強調都不為過。子女常常從父母身上，領會一些沒有言傳的道理，而這就是其中一項非常重要的道理。

父母熱愛自己的工作，以熱情面對工作，子女就會理解**工作本身**的價值，也會願意尋找自己熱愛的工作。

父母要是**不**熱愛，也**不**敬重自己的工作，純粹把工作當成爭取名利的必要之惡，那子女也會效法。效法的結果，就是往後的人生時常沮喪、痛苦。

我最近聽見一個家庭的故事，就是個很鮮明，卻也悲哀的例子。

這個家庭的父親，是位很成功的投資銀行家。我相信一定有很多人，真心喜歡風險很高、激盪腦力的投資銀行業，但這位先生並不是這樣的人。他自己也坦言，不喜歡這份工作，二十五年的職業生涯，每天都在期盼退休。

他雖然討厭這份工作，卻著實擅長，也賺了很多錢。沒想到卻引發了一種不正常的效應，還延續到下一代。

這個效應是這樣的：父親討厭這份工作，覺得工作的時候受了那麼多罪，應該好好**補償自己**。唯一可行的補償，就是金錢，所以他變得過度重視金錢。他有了錢，還想賺**更多**錢，於是更賣力做他討厭的工作，也因此更不快樂。在此同時，財富帶來的享受越來越多：避暑別墅、奢華假期，高級俱樂部的會員。

但即使是財富帶來的享受，也還是有問題。這位父親並沒有真正樂在其中，因為他從物質享受尋求的，已經超出物質享受所能給的。他要的不只是物質享受，甚至也不只是奢華，而是希望財富所帶來的享受，能填補心靈的空洞。他希望**物質**能帶來滿足。但這是不可能的。

現在鏡頭轉到下一代。他們家有個兒子。這個兒子就像大多數的兒子，也崇拜父親，而且年幼無知的他，也有一種想效法父親的衝動。兒子到了要展開職業生涯的時候，選了不同的職業，也就是房地產開發，但他在不知不覺間，某些行為還是很像父親，而且還不是好的行為。他苦苦熬了幾年，歷經幾百小時的治療，才終於發現自己哪些行為有問題，逐步擺脫。

他憶起往事，說道：「我從來沒喜歡過這份工作，但我有一陣子不是很在意，因為我以前並不知道，竟然會有人**喜歡**自己的工作！我想都沒想過這種事。我在家裡看到的，就是我爸拚命工作，喝蘇格蘭威士忌、吃阿斯匹靈，這樣就越來越有錢。我以為人生就是這樣。」

但他終究無法忍受這種模式。他就像父親，對於自己的工作很拿手。他賺到了財富，卻覺得空虛。他說：「我陷入標準的進退兩難困境。我要是繼續下去，往後的日子就只有痛苦。我要是**不**繼續下去，又覺得自己很失敗，比不上我爸。」

那時他決定接受治療。

他說：「我從治療學到很多，也許我學到的最重要的東西是：我發現我從我爸身上學到的，並不是職業道德，而是**受苦**道德。爸爸為了一家人能過好日子，多年來辛苦工作，受了不少苦。所以我也該受苦。我要是沒有受苦，那就是逃避。工作**本來就應該**是痛苦的。所以我怎麼可能學到不一樣的道理？」

父親的職業生涯很強大，卻也不快樂，深深影響了他的人生。但兒子擁有一項父親**沒有**的優勢：他從小就能親眼見證，僅憑金錢是永遠得不到滿足的。他或多或少**知道**，父親還有他自己選擇的道路，並不會通往真正的滿足與心靈平靜。這條路會通往世俗定義的成功，但自己的心靈只會越發萎縮。

儘管如此，我們在兒時吸收的價值觀無論好壞，要擺脫都是難上加難。懷疑自己的道路是否正確是一回事，有意志與勇氣離開現今的道路，從頭開始，又是另一回事。**這樣做**需要更多時間，要深入探索內心，也要冒著開罪父母的風險。父母看見兒子改變人生方向，難免會認為兒子是在無言抗議。

但人生是我們創造出來的，每個人都要打造適合自己的人生，這是一種巨大的挑戰，也是莫大的機會。這位兒子在某個階段喊停，覺得把一個他不喜歡的工作當作人生重心，完全沒有意義。他擺脫了事業的束縛，決定重返校園進修。

他說：「那時我三十幾歲了，總算有時間思考自己究竟**想**做什麼。別管薪水，也別管高高在上的頭銜。**吸引**我的究竟是什麼？我想到的是諮詢業。我想起我自己接受治療獲益良多。說諮詢救了我的命，未免太誇張，但諮詢確實將我的人生**帶往**正確的方向。我也想為其他人諮詢，讓更多人受惠。」

「我現在做的就是諮詢的工作。收入還不錯，不多也不少。不過我很喜歡這份工作，而且我喜歡這份工作，也不會感到內疚！我每天早上醒來，都覺得這天一定會學到新的東西，希望還能幫助別人。我學到了在家不可能學到的，一個很重要的道理：**工作本身就應該是一種報酬**。」

◆

每一個父母，都希望子女擁有美好人生。絕大多數的家庭，甚至包括已經相當富有的家庭，都以為可以為子女預備更美好的人生。

這些是老生常談，是陳腔濫調。我們想都不想，毫不猶豫就接受。其實不該這樣。我們對於這些簡單的話語、基本的概念，其實應該多思考一些。

我們究竟有多清楚，又**應該**多清楚，美好的人生究竟是**什麼**？我們所謂「更好的人生」到底是什麼？就是擁有更多金錢、更多東西？我們可曾想過，得到金錢與物質享受的同時，會失去哪些東西？

二〇〇九年初，我造訪阿拉伯聯合大公國的首都阿布達比，得以從全新的角度，思考這些非常基本的問題。阿拉伯聯合大公國就像其他波斯灣國家，現代化的速度飛快。這裡的富人生活奢華的程度，就連西方國家的富人也難以想像。對於「進步」與財富取代了傳統與自力更生的得失，阿布達比面臨的問題，與我們的社會差不多，只是因為程度較為嚴重，而且在短時間發生，所以顯得更明顯、更劇烈。

有一天，我有幸受邀參加非常高層的酋長舉辦的午宴。這位酋長是個老練、世故的人，但骨子裡始終是個貝都因人。他的「大院」很豪華，但大致而言，還是不脫游牧民營地的風格。圓形建築很像帳篷。他也堅守貝都因人的好客之道。畢竟在沙漠，旅客要是無人提供食物與住所，那就是死路一條。在阿布達比這樣的大都市，餓死的機率不大，但這位酋長還是特意邀請外國客人共進午餐。我後來得知，他**每一頓**午餐，還有**每一頓**晚餐，都邀請三四十人一同大啖駱駝肉，以及其他本地佳餚。

餐點由僕人準備，酋長親自動手裝盤。其他僕人手持機關槍，站在宴會廳兩側。

畢竟如此耀眼的奢華，也會招來一定程度的危險。

酋長雖然享有潑天的富貴，卻為人謙卑，並不諱言自己出身寒微。小時候的他，家中沒有水管，也沒有電。當時也沒有學校，至少沒有可以當作學校的建築物。孩子們是跟老師一起坐在樹下。地上插著一根棍子，棍子的影子走到某個地方，就代表該放學了。當時唯一的一本書叫做《古蘭經》，因此不只是宗教典籍，也是識字課本，沒有其他識字的管道。至於食物，當時的人只能吃貧瘠的土地生產的有限作物。外國產品根本是聞所未聞。

我說起這位酋長人生至今，所目睹的驚人變化。我說，這個國家的年輕人現在的環境優渥多了。

酋長倒不這麼想。他說：「現在的年輕人不會餓死，也不會渴死。但我還是擔心他們。很多年輕人忘了自己的根，也不知道現在的環境是怎麼形成的。他們上美國學校、開德國車、穿法國的名牌服裝。這些都很好，但跟**他們**有什麼關係？」

他認為，養尊處優的年輕人離自己的生活太遠。他們憑空得到那麼多，自己的志向彷彿完全不重要。既然不重要，自然就會減少。許多年輕人無論是身體還是心靈，都在晃蕩，因為沒有目標。這位酋長認為，大多數的年輕人都是有愛心的好人，只要知道該怎麼做，就能做有意義的事。但他們的生活，並沒有訓練他們做有意義的事，所以空有潛能也無法發揮。

在他們所在的地區，歷史演進得如此之快。僅僅是上一個世代的習俗，如今看來都顯得陳舊，難以理解。一個來自城市、開著保時捷、戴著雷朋眼鏡的世俗年輕人，與坐在沙漠中的棗椰樹下，讀著《古蘭經》的父親，能有多少連結？

我聽酋長說的話，發現他對於自己社會的未來的擔憂，正好也是我們的擔憂。這種危機，是一種既悲哀，也會讓人生變得淺薄狹隘的疏離。不肯費心了解自己擁有的一切從何而來，所以不知道自己的根。很多人誤以為短暫的歡愉就是恆久的快樂，誤以為地位的象徵就是實質的成就。

這些是意義缺失所引發的弊病。也許撥亂反正的唯一方法，是**連結**。並不是全面回歸，盲目接受舊觀念，**而是**尊重、理解為新的繁榮奠定基礎的舊理念。

這代表能對那些繁榮盛世出現之前就已存在，在繁華散盡之後依然不滅的基本真理保持感知。

最重要的，是要與自己的人生連結，要與發自內心，價值無法以金錢衡量，也不會因為既有的財富而**貶值**的思想、渴望，以及志向連結。

第12塊金磚：
回饋之道

真正的回饋是雙向的，

先付出，後收穫，並發現自己還能付出更多。

無論你信仰哪一種宗教，或是完全沒有宗教信仰，很少人會否認《傳道書》確實蘊含擲地有聲的詩篇。看看下列這段飛鳥樂團（Byrds）於一九六〇年代改編為熱門金曲〈轉，轉，轉〉（*Turn, Turn, Turn*）的歌詞。

「凡事都有定期、天下萬務都有定時。」

「生有時、死有時、栽種有時、拔出所栽種的，也有時。」

「尋找有時、失落有時、保守有時、捨棄有時。」

我讀到這一段，覺得「捨棄」換成較為現代的說法，其實就是「回饋」的意思。「回饋」發生在「尋找」與「保守」之後。人生走到了「回饋」的階段，我們已經累積了許多美好的東西，包括經驗、知識、同理心，以及物質的財富，也開始覺得應該，甚至有必要，將世界的恩賜與其他人分享，要廣為分散世界的恩賜，造福眾人。

我在這本書大半的篇幅，都在談人生旅程的初期階段。我所謂的初期階段，並不是時間順序上的初期階段，而是指我們自己發展的初期階段。我們最基本的價值觀是如何形成，又是如何擴散。找到我們真正喜歡做的事，以及鼓起勇氣選擇適合自己的志業的過程。從自己的錯誤學習的雖說痛苦，卻也能提升自己的經驗。要想出不只是社會認同，我們**內心**也能認同的成功定義，考驗的不只是智慧，也包括情感。

我覺得，這些步驟的每一個，都會深深影響我們的個人成長。但還有一個問題：成長的**方向**是什麼？**目標**是什麼？

我認為這些問題有兩套答案。而且這兩套答案是互補的，彼此之間沒有衝突。

從個人層面看，我們成長的目的，是唯有憑藉自身努力得到報酬，才會享有的自信。我們追求的目標，是選擇自己想要的人生，追求真正屬於自己的命運，從而獲得內心平靜。

在社會層面，我們最有意義的進步，是發展到有能力回饋的地步。

回饋可以有無限多種不同的形式。無論是最盛大的姿態，還是最微小的善行，同樣都是回饋。教導、指導他人是一種回饋。捐獻時間與捐獻金錢同樣重要。**向外**奉獻我們的心力，為眾人的利益，而不是為私人利益而努力，也是一種回饋。跳出自己的舒適圈，參與更廣大的世界，也是一種回饋。

回饋若是涉及大筆金錢，我們就會覺得應該要有個更華麗的稱呼。我們稱之為**慈善**。

但在我看來，這又是一個大家熟悉的字詞被誤用，因此偏離原本的，更純粹的含意的另一個例子。「慈善」一詞最常見的用法，似乎**特指**大筆捐款。彷彿回饋社會，是富人與名流才有的特權。

然而「慈善」一詞的原意，其實與金錢、地位無關。慈善的英文字philanthropy源自兩個希臘字根：一個是Philo-，意思是「愛」，當然也衍生出哲學的英文字philosophy，意思是熱愛知識。另一個字根是anthropos，意思是人類，例如人類學的英文字就是anthropology。弄清楚慈善的英文字的根源，就會發現「慈善」的原意，就是表達我們對彼此的愛，也是一種團結感，驅使著我們與他人分享。

錢確實能幫助別人，當然可以。但錢並不是慈善的精髓。慈善的精髓，在於回饋行動的精神。我們靠自己，就能養成這種精神。

◆

有些人認為，回饋社會只是在成功人生中「順便做」的事情。等到我們賺了錢再把一部分捐出。這種回饋變成地位的象徵：我們捐獻越多，我們的身分就越重要。捐獻一部分的財富，確實可以減輕討厭的「上天的恩典所引發的罪惡感」，就是身為不公平的世界中的幸運兒，會有的那種不自在的感覺。

這些都無所謂，會這樣想也沒有錯。願意捐獻總是好事。慈善捐獻多多益善！

但我認為，最真誠，也最重要的回饋，絕對不只是順便做，而是我們的身分與行為不可或缺的一部分，是從我們的價值觀與信仰自然產生。這種更為個人化的回饋，與純粹開一張支票不同，並不是一種單向交易。我認為這就是**充盈循環**的開始。我們付出，得到世界的回饋，然後發現自己其實還能付出更多。

我很榮幸可以告訴大家，我自己就經歷過這種充盈循環，所以了解運作方式。

先前說過，我在職業生涯剛起步的時候，對於我賴以為生的工作，也就是創作廣告配樂，感到越來越不安。於是我開始寫歌，製作自己的CD。做這些比較有成就感，但還有個問題縈繞在我的心頭：我的音樂的**意義**究竟是什麼？我有幸擁有些許天賦，也有必要的資金，得以從事我熱愛的職業，難道不應該追逐更遠大的目標，更偉大的意義嗎？

大約在那時候，我迷上美國原住民的文化與歷史，不僅想了解更多相關知識，也深受感動。我後來才知道，這就是一個美好的充盈循環的開端。

任何有良知的人，包括我在內，對於白人政府與移民如此苛待原住民，還有所謂的「昭昭天命」的概念，是既不恥又駭然。在「進步」的大旗下，原住民被欺騙、背叛、屠殺。原本居住的土地被奪走，還被迫接受他們完全陌生的「所有權」概念。這一路上失去的，可不只是土地而已。數千年的見識、知識，以及與自然永續共存的生活，累積而成的原住民文化，被踐踏、毀棄。誰能想到，原住民在環境、心靈、社會，甚至醫學方面的無價智慧，就這樣被無情拋棄？

我決心要以實際行動，讓更多人重視原住民智慧的存續，推動關注、尊重原住民文化的風氣，也許能復興哪怕是些許的原住民思想與習俗。

關於我的決心，有些話我想說清楚。沒人**命令**我做這件事。沒有**應不應該**的問題，也絕對不是順便去做，我推動原住民文化，是因為我**想**，我覺得說我**需要**這樣做，也不算誇張。我做這件事，也是實踐我在家裡學到的一些最基本的價值觀，包括公民權、身而為人的尊嚴，以及團結。這並不是開展一項「志業」，而是做我認為該做的事。

對我來說，推動的途徑當然是音樂。但我很快就發現，想要做出實質的貢獻，我先得學很多東西。換句話說，僅僅是動了**回饋**的念頭，就足以啟動充盈循環。

我開始海量閱讀。我去圖書館，找到美國原住民分類區，從A開頭的典籍開始看，一路看下去。在這一路上，我對美國原住民語言感到好奇，不只是形式與意義，也包括**抑揚頓挫**，也就是那種節奏與措辭要如何融入音樂中。

這讓我開始思考為合唱團作曲。

要知道，我的音樂創作生涯是先從十秒的「插播廣告」開始，再進階到三十秒的廣告，再到四分鐘的歌曲。現在無論是創作的規模，還有創作的主題，都跨越了好幾個等級。我哪來的勇氣這樣做？哪來的信心去做規模遠勝以往的創作？因為我創作的目的，比我自己更重要。更大的目標，需要更大的音樂。我也得以充盈自己，我得到的，與我付出的一樣多，甚至更多。

大概就在這個時候，我因為與凱文·科斯納合作，為《與狼共舞》製作配樂的關係，得到了一個千載難逢的機會：為迷你影集《五百個民族》（*500 Nations*），創作八小時的配樂。我的配樂廣受好評，這點我很自豪，但更自豪的是，能參與一項工作，不僅忠實呈現美國原住民文化的多樣性及重要性，也讓更多人意識到，美國原住民如今在保留地內外的真實處境。

迷你影集結束了，我想繼續為美國原住民議題盡心的意願，並沒有隨之結束。我想乘著《五百個民族》的勢頭往前推進，於是開始思考多媒體創作模式，結合音樂、舞蹈、故事，以及影像。《靈魂》（*Spirit*）就此誕生，原本是美國公共廣播電視（PBS）募款節目插播的特別節目，後來成為巡迴演出的戲劇。

然而在一開始，必須解決少數幾個小問題。其中一個問題是，我不知道該如何現場演出！為了回饋，我又一次不得不跳脫舒適圈、學習，也充盈自己。

那時，我已經累積幾年的經驗，懂得以聲音搭配影像，以音樂推動故事。但在過往的工作，故事都是既有的，寫故事是別人的工作！現在我頭一次必須自己寫故事，要與幾位傑出的夥伴合作，想出一個敘事架構。想達成任務，我對於說故事的奇妙技巧，必須思考得比以往更認真，更有條理。我閱讀喬瑟夫·坎伯（Joseph Campbell）的鉅作《神話的力量》以及《千面英雄》（*The Hero with a Thousand Faces*）。這兩本書強調，人性與人類的渴望是一致的。

閱讀坎伯的大作，可以說是我的知識長進最多的經驗之一。他對於故事狂熱的信奉，不僅感召了我，也充盈了我。順便說一句，我覺得我後來會動了寫書的念頭，正是因為看了他的書。

我讀完坎伯的著作，立刻就找到了我所需要的神話架構：英雄的旅程。旅程無論有著怎樣的具體細節，總是**向內**的。旅程的目標是了解自己……但了解自己並不是最終目的，而是一種與世界**重新連結**的手段。但理解程度要更高，才能擔任其他人的嚮導。

我發現，這就是《靈魂》表演的最大主題：重新連結。多年來，美國各原住民族承受外界意在毀滅他們的文化認同的無情進逼。但不僅他們需要重新連結，**覺得偏離最真實的自我的每一個人，都需要重新連結**。我希望每一個人想起自己的根，自己真實的本質，都能得到鼓舞。我自己就體會到那種鼓舞，這也再一次證明，付出會有所得。

《靈魂》於美國公共廣播電視首播，後來也順利巡迴演出。對我來說，最得意的莫過於在華盛頓特區的國家廣場（National Mall）演出。若要細說我這一路上學到的東西，從演出技術，到搭建我們演出所用的訂製大帳篷，那得花不少篇幅。但也有必要提到另一面：這一趟下來，我是心力交瘁，沮喪至極！

籌備演出真的是累到人仰馬翻。後勤作業從頭到尾都很艱辛。眾人意見分歧又堅持己見，相處難免緊繃。而且還損失金錢，包括我自己的，以及早期金主的。

我說這話並沒有埋怨的意思，而是想凸顯個人的回饋是怎麼一回事。真的不容易啊！不過本來就不應該容易。開支票捐款很容易。奉獻精力、決心，以及獨有的能力，回饋世界，則是很不容易。相當於心懷抱負，努力工作的人，為自己的正職所付出的心力。

但回饋與得到是同樣重要的。所以回饋所需的努力與決心，怎麼可能會少於得到？

◆

我最近聽見一則令人難忘的故事，同樣是這種艱辛且親力親為的回饋。

在一九九〇年，我的一位記者朋友受到雜誌編輯委託，要寫一篇關於美國前總統吉米．卡特的文章。卡特當時的生活重心，是參與仁人家園（Habitat for Humanity），為無家可歸者、戒癮者、單親家庭，以及生活嚴重困頓者，建造住房。想聯繫卡特，唯一的辦法就是透過仁人家園的公關室。於是我的朋友致電，詢問能否訪問前總統。

公關室很樂意協助，但也開出條件。這位記者朋友必須到仁人家園幹活一整天，以換取採訪卡特的機會。

我的朋友說：「我當然同意，沒想到是挖了大坑給我自己跳。他們打電話給我，叫我在八月某一天的早上八點，前往費城北區的某個地址。前總統伉儷在那天，會在一處營建工地做活。我也要跟大家一起做活，等到一天的工作忙完，就可以採訪。」

他說：「那天超慘烈的。氣溫足足有華氏一百〇二度，還很潮濕。陽光霧霧的，毒辣得很。我見到團隊的其他人，包括卡特夫婦在內。我們聊了一下，一一自我介紹，分配工作。我對營建一竅不通，所以就負責搬東西。我搬了二乘四木材也搬了石膏板，我還搬了一捆捆的乙烯基壁板。」

「但重點不是**我**做了什麼，是卡特夫婦做了什麼。我這個酸民，還以為前總統伉儷只是做做樣子，當個門面。我還以為他們會穿著工作服，釘一兩根釘子給大家看，再開放大家拍照，然後就去納涼了。畢竟卡特可是當過自由世界領袖的人。他拿名氣、聲望幫他們背書。還不夠嗎？」

「原來對於卡特夫婦來說，這些**遠遠不夠**。坦白說，我這才發現我不該那麼酸。這對前總統伉儷，做事就跟其他人一樣認真。他要大家稱呼他吉米，吉米在裝有電鋸的長桌前彎著腰，切割乙烯基壁板。羅莎琳負責測量，把壁板就定位，確認壁板的大小適中。她戴著一頂大大的遮陽帽，但一張臉還是曬得紅通通的。前總統戴的護目鏡，也因為潮濕而出現一層水汽。」

我的朋友說：「那天我跟卡特夫婦斷斷續續聊著，不過聊的大多是『把那個拿到這裡』、『你覺得這樣是不是一直線』之類的話。由此可見，卡特想表達的是，**他**不是重點，眼前的工作才是重點。他在這裡的身分不是名流，而是一個人，運用能力也付出勞力，推動他真心相信的志業。」

「我們一直忙到四點，那時房子的結構與外牆已經完成了一部分，我們全都又渴又累。公關人員前來，問我能不能開始訪問。我發現，我不**需要**訪問，訪問根本不是重點。卡特能說的，全用**行動**說了，還需要多說什麼？我能問的，他全用行動回答了，我還需要多問什麼？訪問只是言語，而那天全都是行動。」

「所以我只是跟前總統握手，感謝他讓我有這個榮幸，跟他一起做事。他說，做這件事是在場所有人的榮幸。」

◆

從上述幾個故事，我們發現回饋的藝術，有幾個看似矛盾的地方。

我製作《靈魂》的經驗告訴我，回饋的決心能大大充盈自己，但回饋的過程也會引發衝突與失落。

吉米．卡特的故事告訴我們，在酷熱難當的刺眼陽光下，做著髒兮兮的勞務，也可以是一種榮幸，即使是前總統也這麼想！

我們遇到這些矛盾之處該怎麼辦？我覺得就是接受，然後繼續往前走！

這些看似矛盾的東西，正是人生的複雜與豐富之處。如果說人生是我們創造出來的，我們也希望人生盡量豐富、有層次，就要找到勇往直前的意志力。

是的，付出是很吃力的……也很危險，因為會暴露自己。付出就會展露我們的內在，我們**能奉獻**的東西。

不是的，並不是願意付出，過程就一定順利，就一定能達成我們想要的結果。我們能確定的，就是想付出，就必須勇於踏出舒適圈，要突破自己習慣的日常。所以我覺得我們會不太想真正奉獻自己，是完全正常的。我能體會這種感覺，因為我有經驗。

我要先細說從頭。

在我們家，**賺錢**與**囤積財富**之間，是完全不同的兩回事。我的父親當然已經以實績證明，他是賺錢的天才。但他能賺錢，是因為熱愛他的工作，而不是因為想賺更多錢。父親能賺到錢，是他的直覺準確、分析可靠的明證。他賺到錢，也是履行了對股東的信託責任，他對股東可是不錯的！其他投資人想把獲利拿去買遊艇，買超大豪宅什麼的，那當然是他們的自由。但父親從未有過這種打算。他的打算是取之於世界，回饋給世界。

大約才十幾年前，父母親也召集我們三個兄弟姐妹，加入回饋的事業。一九九九年聖誕節，父母捐贈我們三人一人一個基金會，也是我們人生的第一個基金會。一個基金會耗資一千萬美元，當然不是小數目，但並沒有大到無法管理的地步。經營一家慈善機構，就像做任何一種事業，是需要學習的。一路上難免會犯錯。最好要能控制錯誤的規模，不要釀成災難！

接下來幾年，我的妻子珍妮佛與我更能勝任各自的角色，父母也不斷加碼捐贈我們的基金會。我的母親於二○○四年去世之際，我們管理的慈善基金，規模已經超過一億美元。

但我要坦白承認：對於慈善事業，我的心態始終極為矛盾。幸好我的運氣超好，珍妮佛不僅積極參與，還全心投入，耐心處理基金會大半的行政作業，以及極為瑣碎的工作。

至於當時的我，則是還在與一些很基本的問題搏鬥。要記得，小時候的我很害羞，獨來獨往的，鋼琴是我的慰藉。之所以喜歡攝影，原因之一是可以離事件遠一些，可以只在一邊看，不必親身參與。正如某位智者所言，人是不會變的，只會變本加厲。當時的我雖說已經成年，還是喜歡獨自工作，只愛與鍵盤樂器交流。我很重視無人打擾的獨處時光。

在此同時，我也明白，我身為華倫．巴菲特的兒子，頂著巴菲特這個姓氏，也會有一股力量，驅使著我參與更多公共事務。基金會拉扯著我，走向公共事務的力量越來越大。有一陣子，我很抗拒。

我抗拒的理由很簡單，很自私，也完全正常：我不想破壞已有的人生。我的音樂生涯。我平靜規律的生活。我看書，或是純粹與妻子靜靜坐著的時間。

這樣的生活讓我很快樂。但當時的我還不知道，其實只要克服抗拒心理，藉由慈善事業，全心投入更廣闊的世界，能得到的快樂，將遠遠超出我的想像。

◆

後來「震撼彈」爆發。

二〇〇六年六月，我的父親成為全球媒體焦點，因為他宣布要捐出大半的財富。新聞報導的數字，是他要捐獻三百七十億美元，給比爾及梅琳達蓋茲基金會。我和哥哥姐姐一人拿到十億美元，只是報導中不起眼的隻字片語！

我們三個兄弟姐妹，幾個月前就已得知這項消息。我的第一個反應，是打電話給父親，說我深深以他為榮，我當時只能想到這句話。

我很慢，應該說**非常**慢，才理解父親慷慨捐贈所掀起的效應。珍妮佛與我現在管理一大筆錢。該拿這筆錢做什麼？是應該贊助很多項目，還是集中在一兩項？如果集中在一兩項，那又該如何選擇？我們**自己**該如何付出，而不是只發放現金？我們該怎麼將捐助的效益最大化？真是暈頭轉向啊！

請耐心等我說完，因為我想告訴你，父親的一項本事。他有時候跟人說著說著，就會說到幾乎無關的話題。對方聽了是一頭霧水，但往往後來就會發現箇中道理：父親只是看出了對方尚未看出的關連。

在我父親公開宣示捐贈之前，我們全家人齊聚在奧馬哈，又一起飛往紐約。我在飛機上對父親說，掌管基金會讓我有些為難。沒想到他突然問我，基金會的工作會不會影響我的音樂？

我覺得這個問題莫名其妙，尤其因為這是個大哉問。我不確定他是問，我為了打理基金會，沒時間也沒精力好好作曲？還是他想問，基金會的工作是否對我的創作有益？我只能含糊答道，我覺得基金會跟我的音樂根本無關。

問題是，基金會的工作**當然**影響了我的音樂！怎麼可能沒影響？父親比我更早發現真相。

「震撼彈」過後的幾個月，珍妮佛與我對於我們的基金會應該專注經營的使命，認真思考了很久。我們將這個使命命名為NoVo，是拉丁文的「改變、變更、發明」的意思。但我們最希望改變這個世界的什麼？我們能想出，能採用什麼樣的策略，才能改變這個世界？

我們花了不少時間探索內心，又屢屢向經驗比較豐富的捐助人與管理人請益，為我們的慈善工作，訂出幾項指導原則。首先，要避免我所謂的「慈善殖民主義」。所謂慈善殖民主義，意思是（通常）心懷善意的外來者，往往以為自己比本地人，更清楚本地人面臨的問題。外來者以為自己更了解問題，更以為自己能順利解決問題。這種想法不僅高傲，也無用。所以我們採取的方法，是幫助已經知道**自己**的需求，也發展出**自己**的解決方案的人。

第二，我們要仿效父親行之有年的商業原則：投資價值被低估的資產。這個觀念很簡單又實用：找到被其他人低估的資產，資助，不插手，等其他人慢慢領悟它真正的價值。

我們開始思考，世界各地有哪些人類資產被低估，想到了一個既顯而易見，又駭人聽聞的答案，是一個悲哀的事實：在許多不同文化，女童遭受不平等待遇。許多家庭允許兒子去上學，卻往往不准女兒上學。男孩有機會體驗更遼闊的世界，女孩卻多半只能困在家裡，後來又困在婚姻裡。這種不公平的現象很普遍，我們希望能改正。

我們也發現，這樣做能產生美好的「乘數效應」。現在的女孩，就是未來的母親。我們若能盡一份心力，改善女孩的健康、教育，以及經濟獨立程度，未來的世代都能受惠。善行生出的善果，會一直延續下去。

我們贊助的第一批對象，集中在賴比瑞亞、獅子山共和國這些西非國家。我們資助的學校，不僅是女孩們的避風港，也提供普通教育與非常實用的訓練。女孩們學會識字、寫字，以及縫紉，用的是不需要電力的縫紉機。不過話又說回來，如果這些女孩當中，將來出了幾位電氣技師，那也很好！最主要的目的，是讓女孩們擁有更多選擇。她們往後能養活自己，也能自行打理財富，往後就能擁有獨立自信的人生。

我因為這次的贊助第一次踏上非洲，對我來說是一次深刻的經驗。我從未看過，物質貧窮與豐沛的快樂、希望、共同體之間，形成如此鮮明的對比。我身為一個西方人，感到很羞愧，我們擁有那麼多，卻終日為了瑣碎的小事苦惱抱怨。我遇見的許多非洲人，連基本的溫飽、住所都不見得有著落，卻能以沉著、勇氣與幽默面對人生。該怎麼做，才能縮小物質貧富的不合理差距，哪怕只能縮小一點點？同樣重要的是，看到這樣重視群體更甚於自我進步，重視心靈健全更甚於不斷追求目標的社會，我們西方人能從中學到什麼？

我回到家，仍在努力消化非洲之行所累積的複雜情緒。那我怎麼辦？我坐在鋼琴前，寫了一首歌。我**當然會**這麼做啊！我**每次**想表達言語無法表達的想法與感覺，不就是訴諸鍵盤樂器嗎？感覺好像七歲的時候，用小調彈奏《洋基歌》一樣！我的腦袋，心上都有話想說。音樂是我表達的途徑。

父親看似無厘頭的一句話，後來證明是說中了。我的音樂生涯與基金會工作，即將交織得更為緊密、更加合而為一，就像ＤＮＡ鏈。

不久之後，有人介紹我認識藝人阿肯（Akon）。坦白說，我沒聽過此人。由此可見，我們自己的文化在某些方面非常狹隘，因為在世界上的許多地方，阿肯已經是流行音樂巨星。我將賴比瑞亞之行寫成一首歌，阿肯聽完，請我把歌傳給他。他拿去混音，自己也演唱。

這就是音樂與社會運動的合作，我希望這只是個開始，未來還會出現類似的合作。二〇〇九年，阿肯與我合唱另一我寫的歌，也有幸在聯合國大會演唱。

於是五十歲的我，人生擁有的快樂回憶超乎我的想像。我的人生就像任何人的人生，既一以貫之又不斷演變。五十歲的我，跟十歲、三十歲的我是同一個人，但我的注意力逐漸**向外**發展。隨著年齡增長，我較少思考**我**需要什麼，因為年輕時候必須完成的艱鉅任務已經大致完成，但永遠不可能全部完成！我找到了適合自己的志業並全心投入。該證明的我都給自己看了。我現在的重心，是要繼續在音樂上、在慈善事業有所突破。要繼續成長，才會有更多可以回饋。

坦白說，我以我創造的人生為榮。我有多自豪，就有多感恩，我樂於承認自己有多幸運。儘管如此，每個人的人生都會面臨挑戰。我在一開始的時候說過，我面臨的挑戰之一是善加運用手上的優勢。我覺得我在這方面的表現還可以。

但我要說清楚：我相信每一個人，都應該以自己的人生為榮，因為創造自己的人生，是人人都有的既重大，又神聖的機會。**人生是自己創造出來的**。誰也不能為我們創造。誰也沒資格指定我們人生該有的樣子。

目標是我們自己設定的。成功是我們自己定義的。我們無法選擇人生的起點，但**絕對**可以選擇要成為什麼樣的人。

後記：就從現在開始

有一段話我一直很喜歡。有人說這些話是德國大詩人歌德說的，但始終沒有確切的證據，能證明真是如此。儘管如此，這短短的一段話，確實符合我深信不疑的信念，也道盡我想在這本書表達的精髓：

一個人除非下定決心，否則就還會遲疑，還有退縮的可能。所有的進取與創造的行為，都有一項基本的真理。不知道這項真理，無數的構想與精彩的計畫就會被扼殺。這項真理就是：「一個人一旦決意全心投入，上帝也會出手相助」（that the moment one definitely commits oneself, then Providence moves too.）。各種助力都會出現，推動原本不可能發生的事。一旦下定決心，就會引發一連串事件，各種意想不到，任誰也不敢奢想的插曲、機緣，以及物質資源，也都會出現。你能做什麼，或是認為自己能做什麼，就儘管開始做。果敢是智慧、力量與奇蹟的來源。現在就開始。

我為什麼喜歡這段話？最主要的原因，是強調**全心投入**。

這段話所說的力量與奇蹟，究竟來自何方？並**不是**來自非凡的才能、非凡的智慧，非凡的**任何東西**。力量來自**每一個人**都具有的能力，是所有人類都具備的一種潛力，也就是全心投入一項志業，選定一條道路，耐心且堅定前行的能力。

那這段話的「上帝」又是什麼？我並未信奉任何一種正統宗教，也不太認同那種藉著貶低其他信仰體系、頌揚某種信仰體系的觀點。所以我想用自己的比喻，解釋「上帝」的概念。

我認為「上帝」，並不是存在於我們**之外**的一種獨立力量，而是潛藏於我們**內在**的力量、勇氣，以及直覺，唯有在我們全心投入，專心一志時，才會徹底發揮。

我們都聽過那些故事：母親抬起汽車，拯救受困的孩子。地震災民撐起屋頂，好讓親人逃生。經歷過九一一事件的人，永遠忘不了驚慌的平民瘋狂逃出燃燒的建築物，消防人員卻不斷衝入的景象。這些當然是非常時期的非常之舉，但我相信，這些行為昭示了幾個能提升人類的基本真理，也適用於日常生活處世：

我們比自己想像得更強大。

我們到了需要勇氣的時候，才會發現自己有勇氣。

我們能克服自己都無法想像的難關。

我們為何能運用這些內在的力量與勇氣，發現自己最好的一面？

因為有創造自己人生的執著、勇氣，以及決心。

◆

在我寫下這段文字之際，全球經濟正處於嚴重且不容樂觀的不確定性。失業率居高不下。屋主的房子快被沒收，企業面臨破產。整個產業都在萎縮，或是快被淘汰。老人擔心自己的退休金，以及為退休而準備的積蓄不保。年輕人展望未來，只看見重重的困難與危機。

也許在你看這本書的時候，經濟前景將會好轉，但也許不會。誰也說不準。我就說不準。我父親以眼光精準，談論財經事務態度中肯、務實聞名，但就連他也公開坦言，這次他真的看不懂。看來誰也沒經歷過這個世界的現況。

我提起經濟面臨的挑戰，並不是要大呼前景無望。我反而認為，這個沒人看得懂的時代，才是個艱難卻也美好的機會。

隨著某些樂觀的想法逐漸瓦解，我們不得不以全新的角度，看待這個世界，也看待我們自己的可能性。某些「安穩」的職業選擇，若是沒那麼安穩，該怎麼辦？我們要是沒有把握，不敢說今年的收入一定會勝過去年，五十歲的我們當然會比三十歲時更富有，該怎麼辦？我們若敢承認「安穩的工作」說起來好聽，但往往只是妄想，又該怎麼辦？

二〇〇九年四月，《紐約時報》刊出一篇文章，標題是「現在該不該追逐夢想職業？」寫下文章的潘蜜拉．斯林（Pamela Slim）是職業生涯顧問，她說，大多數人，除了自己真正的職業之外，還有一個夢想職業。可想而知，夢想職業通常比真正職業薪水更高，也較為稱頭。但很多人幻想的，是另一種截然不同的情況。

人們夢想的不是擁有更多金錢，而是更多自由；不是權力更多，而是壓力更少；不是地位更高，而是藉由創作得到更多快樂。資訊科技專案經理的夢想，是帶隊健行。成功企業家的夢想，是擔任聯合包裹公司（United Parcel Service）的司機，因為他想要有序、一致、運動，希望每天上班都明確知道該完成哪些工作。

這是怎麼一回事？在我看來，這些看似反常的「夢想工作」，代表脫離尋常思維與傳統偏見的束縛，是一種良性的現象，代表回歸小時候那個基本的問題：我們長大以後要做什麼？

這就提到另一個簡單的問題：**何不**喜歡做的事呢？

我所謂喜歡做的事，並不是那些沒有意義、放縱自己，或是懶人才喜歡的事情。我的意思**是**那些反映我們**個人**的價值觀，能將我們特有的才能與創造力，發揮到極致的事情。

既然你喜歡音樂、繪畫、寫作，那為何不放手去做呢？

如果教學能帶給你成就感，那何不以教書為業？

如果你喜歡到遠離貿易與財富重鎮的戶外工作，何不就這麼做呢？

要做出類似這樣的不尋常的選擇，當然要考慮一些很重大的「何不」問題。以藝術為業，是出了名的不穩定。從事教學、護理之類的服務業，通常得不到應得的收入與地位。一個人也必須足夠獨立，才能遠離大城市的繁華。

最重要的是，經濟不景氣的時候，大家往往較為謹慎，選擇也較為保守，這似乎就是人性。

我想，會謹慎也是情有可原。但還是要想想看：不是應該大膽才對嗎？

如果即使是MBA最傳統的職業生涯，都充滿危機與陷阱，那難道不該給自己更多選擇嗎？

如果某種以金錢定義的「成功」已遭唾棄，那難道不是一個大好機會，能為我們自己定義一種更有人性，更寬廣的成功？

如果再也無法保證物質財富會越來越多，那難道不該更重視以個人成就感、心靈平靜衡量的財富？

◆

這是一本很貼近我自己的書，所以在結尾，我想說幾句我自己的觀點。

我在一開始說過，我並沒有自稱是經營人生的大師，至於人生的意義這種難解的謎團，我更不是專家。我並不希望大家把我當成解決難題的專家。我在這本書，確實不時提出一些建議，但我並不覺得這有什麼問題。我有一些深信不疑的道理。只要有機會能證明這些道理確實正確，能予以說明分析，我就會勇敢去做。

但在我看來，提供建議給各位讀者，只是這本書的眾多目的之一。我寫這本書的首要目的，是把我的想法大聲說出來。

柏拉圖寫道：「未經探究的人生，是不值得活的。」兩千五百年之後的現在，這句話更有道理。生活的節奏越來越快，雜訊越來越多。手機、即時訊息，媒體不停歇的轟炸，在我們的周圍不斷累積雜訊，如今要濾除雜訊，要記住核心是什麼，是更加困難。寫這本書，讓我有機會靜靜坐著，在核心的內部與周圍，享受難得的美好時光。

我在那裡發現了什麼？

最重要的是，我發現了感恩。

感恩我的母親，在生活中教導我包容、信任，對其他人懷有無窮無盡的好奇心。感恩我的父親，親身示範了自律、勤奮，以及努力不懈追求自己選擇的人生。感恩我的妻子，在我們各自持續成長的過程中，真心與我攜手合作每一件大事。

我也發現我更加感激音樂。我向來熱愛音樂，這一點毋庸置疑。現在我覺得，音樂簡直就是一種奇蹟。某些音調與節奏能帶來慰藉與快樂，能化解人與人之間的藩籬，還能表達言語無法表達的含意，真是太神奇了！以作曲人、演奏者的身分，親身參與音樂的奇蹟，始終是莫大的殊榮。

我在我的思考的核心所發現的，當然不見得都如此美好。現在的我，回顧年輕的自己的所作所為，也發現不少我自己都搞不懂的地方。

我當初是否沒有好好把握正規教育的機會？我為何這麼久，才終於走上適合我的音樂之路？在這一路上的幾個重要關頭，我為何讓不安全感左右我的決定？我明明已經是所謂的成年人，為何還會犯一些事後看來本可以避免的愚蠢錯誤？

我無法斷然回答這些問題。但寫這本書，確實給了我一個思考這些問題的實用架構。**冷靜**思考這些問題，不找藉口，沒有尷尬，也沒有因為我們**不承認**自己的錯誤，喚起殘存的內疚，若是這樣往往會引發的惡果。我不能消滅過往犯的錯，也不能不承認。我**能**做的，是從中學習，同時也接受我的人生之所以獨特，正是因為蘊含包括這些錯誤在內的種種元素。

但犯錯是一回事，懊悔是另一回事。錯誤發生之後，通常就結束了。懊悔卻揮之不去。錯誤是種事件，懊悔則是盤桓不去。

我覺得，大多數人都喜歡說自己沒有懊悔，也喜歡說人生若能重來一次，也不希望有任何改變。坦白說，我覺得這是吹牛的胡話，也許是人生**未經**探究的人，才會說出這種話。幾年來——幾十年來，大大小小的懊悔不斷累積。我們每天面臨這麼多選擇，要應付這麼多挑戰，懊悔當然會越來越多。懊悔不過就是一個人活過的證明罷了，就像膝蓋與手肘上的小傷疤。幸好過了一陣子就不會痛了，但不應該假裝它們不存在，那叫做自欺欺人。

我思考我的懊悔，發現有一種微妙卻屢次出現的規律：我的懊悔，多半出現在我沒聽從我在這篇後記一開頭，所提到的歌德的忠告的時候。

我對於曾經遲疑感到懊悔。

我對於我曾低估**全心投入**的神奇力量，而感到懊悔。

全心投入，是推動世界的力量，既能賜予我們力量，也能療癒我們。全心投入既是助力，也是良藥，是懊悔、冷漠，缺乏自信的解藥。全心投入能打破緊閉的門，撫平崎嶇的道路。全心投入能助長信心，也能**證明信心並不是憑空而來，而是其來有自**。我們的內在潛藏著許多資源，除非我們決心挖掘、善用，否則只能永遠閒置，而全心投入，就能動用這些資源，也就更能達成目標。

所以在這本書的最後，我要再說一次我已經對自己說過無數次的話：

你的人生是你自己創造出來的。手握這樣的機會，要心懷感恩。要把握機會，以熱血與勇敢向前邁進。無論你決定做什麼，都要**全心投入，全力投入**……而且現在就開始。

還不趕快行動？

致謝

我要感謝最傑出的編輯兼作家Laurence Shames的無價貢獻，很高興能結交這位益友。也要感謝Richard Pine的指點，Lydia Loizides的構想，還有John Glusman對這本書的信心。

還要感謝下列諸位造就了我如今的人生：我的父母、我的祖父母Bill與Dorothy Thompson、Howie與Susie Buffett、Pam Buffett、Tom Rogers、Letha Clark、Kent Bellows、Lars Erickson、Layne Yahnke、Frankie Pane、Bill Buffett、Erica與Nicole Buffett、我的妻子Jennifer，還有曾經、正在，將會指引我的人生的每一位。

國家圖書館出版品預行編目 (CIP) 資料

巴菲特家族的人生智慧：父親巴菲特給我的 12 塊金磚 / 彼得・巴菲特（Peter Buffett）著 ; 龐元媛 譯 . -- 初版 . -- 新北市 : 一起來出版 , 遠足文化事業股份有限公司 , 2024.06

272 面 ; 14.8×21 公分 . --（一起來 ; ZTK0049）

譯自 : Life Is What You Make It: Find Your Own Path to Fulfillment

ISBN 978-626-7212-77-6（平裝）

1. CST: 巴菲特（Buffett, Peter.） 2. CST: 巴菲特家族 3. CST: 成功法 4. CST: 傳記

177.2 113006508

一起來　0ZTK0049

巴菲特家族的人生智慧

父親巴菲特給我的 12 塊金磚

作　　者　彼得・巴菲特 Peter Buffett
譯　　者　龐元媛
主　　編　林子揚
責任編輯　林杰蓉

總 編 輯　陳旭華 steve@bookrep.com.tw
出版單位　一起來出版／遠足文化事業股份有限公司
發　　行　遠足文化事業股份有限公司（讀書共和國出版集團）
231 新北市新店區民權路 108-2 號 9 樓
(02) 22181417
法律顧問　華洋法律事務所　蘇文生律師

封面設計　LIN
內頁排版　新鑫電腦排版工作室
印　　製　通南彩色印刷有限公司
初版一刷　2024 年 6 月
定　　價　420 元
I S B N　9786267212776（平裝）
9786267212752（EPUB）
9786267212769（PDF）

LIFE IS WHAT YOU MAKE IT